청소년들의 진로와 직업 탐색을 위한
잡프러포즈 시리즈 59

아이들과 함께 걷는

초등교사

청소년들의 진로와 직업 탐색을 위한 잡프러포즈 시리즈 59

아이들과 함께 걷는

초등교사

전소영
지음

TALK SHOW

"

평범한 교사는 말합니다.
좋은 교사는 설명합니다.
우수한 교사는 보여줍니다.
위대한 교사는 영감을 불어넣습니다.

"

- 윌리엄 아서 워드

> "
> 교사는 사회에서 가장 책임감 있고
> 중요한 구성원이라고 믿습니다.
> 왜냐하면 그들의 전문적인 노력이
> 지구의 운명에 영향을 끼치기 때문입니다.
> "
>
> - 헬렌 칼디콧

C·O·N·T·E·N·T·S

C·O·N·T·E·N·T·S

초등교사 전소영의
프러포즈

"선생님, 안녕하세요."

"선생님, 오늘은 머리 묶고 오셨네요?"

"선생님, 저 오늘 좋은 일 있어요. 뭔지 맞춰보세요."

"선생님, 저요. 오늘은 엄마가 핫팩을 주셨는데 엄청 따뜻
했어요."

"선생님, 저는 아침에 시리얼 먹었는데요. 엄청 많이 먹었
어요. 선생님은요?"

초등학교 1학년 교실 문이 열리면 언제나 이렇게 왁자지
껄한 아이들의 목소리가 채워집니다. 우리 아이들은 선생님
얼굴만 보면 할 말들이 어찌나 많은지 쉬지 않고 재잘재잘 이
야기를 합니다. 오늘 아침에 있었던 일, 방금 학교 오며 본 것,
선생님의 달라진 모습. 하고 싶은 이야기도 많고, 선생님이 나
에 대해 알아맞혀 주기를 바라는 것도 많아요. 때로는 조금 소
란스럽더라도 저는 이 순간을 사랑합니다. 온전히 나를 신뢰

하는 눈빛, 더없이 사랑스러운 손길들이 고스란히 저를 향하기 때문이지요.

초등학교 선생님이라는 직업은 많은 사람에게 정년이 보장되는 안정적인 직업, 휴직을 쓸 수 있고 경력 단절이 없는 직업, 퇴직 후에도 연금이 나오는 직업으로 알려져 있습니다. 그러한 장점 때문에 진로를 결정하는 경우가 많은 것도 사실이고요. 저 역시 학창 시절에 IMF를 겪은 세대이고, 적성에 잘 맞을 것 같아 교육대학교에 진학하기도 했습니다. 하지만 교육 현장에 서 보니 단순히 그런 장점만으로는 지속하기 어려운 직업이기도 합니다. 정신적 스트레스를 비롯해 업무 강도가 세고, 급변하는 사회 분위기로 인해 초등교사에게 요구하는 것들이 과거와는 많이 달라졌기 때문입니다. 최고의 장점이라 여겨지는 근무 안정성을 포기하고 일찍 학교를 떠나는 선생님들이 생각보다 많은 이유이기도 합니다.

그렇지만 만약 제 아이가 초등학교 선생님이 되고 싶다고 한다면 저는 아이의 꿈을 지지해줄 것입니다. 자신의 적성에 잘 맞는다면 부모이기 전에 먼저 이 길을 걸어본 선배로서 초등교사라는 직업은 추천해 주고 싶은 일입니다. 이 세상에는 돈을 벌 수 있는 다양한 직업이 있고, 일을 통해 즐거움과 보람을 느끼거나 자아실현을 할 수 있는 많은 직업이 있습니다. 그렇지만 순수한 마음을 늘 솔직하게 표현하는 아이들에게 조건 없는 사랑을 받을 수 있는 일, 누군가의 인생을 바꿀 만큼 영향을 끼칠 수 있는 일, 막중한 책임이 따르지만 그 이상의 보람과 기쁨이 있는 일이 바로 초등학교 선생님이기 때문입니다.

"가르치는 일에 헌신하는 사람들은 타인에 대한 사랑은 물론이고 가르치는 일에 포함된 과정에 대한 사랑도 개발해야 합니다. 가르치는 일은 사랑할 용기가 없다면, 포기하기 전에 수천 번 시도해 보는 용기가 없다면 불가능합니다." - 파울로 프레이리

험한 세상에서 나아갈 길을 찾지 못해 두리번거리는 아이들에게 사랑과 용기를 가르치며 손잡고 함께 걷는 것만큼 의미 있는 일이 있을까요? 이 길을 기꺼이 걸어가 보고 싶은 여러분에게 초등교사의 세계를 소개합니다.

첫인사

편 토크쇼 편집자

전 초등교사 전소영

🖊 전소영 선생님, 안녕하세요? 초등학교에 다니는 아이 셋을 키우는 엄마로서 초등학교 선생님 인터뷰를 진행하게 되어 영광입니다. 설레고 기쁩니다.

🖊 네. 반갑습니다. 저 역시 청소년들에게 초등교사라는 직업을 소개할 수 있게 되어서 영광입니다. 미래의 꿈을 구체적으로 계획하고 이루기 위해 실천해가는 청소년들에게 도움이 될 수 있도록 초등교사의 세계를 자세히 소개해 보도록 하겠습니다.

🖊 선생님께서는 브라질에서 거주하신 경험을 책으로 출간하셨고, SNS에서도 다양하게 소통하고 계신데요, 초등교사라는 직업을 청소년들에게 프러포즈 하는 이유가 있나요?

🖊 마침 저희가 새해를 준비하는 시기에 인터뷰를 하게 되었네요. 매년 연말이 되면 내년 트렌드를 분석하는 책과 보고서가 쏟아져 나오는데요. 미래 사회에 없어질 직업으로 손꼽히는 것이 바로 초등교사입니다. 과학기술의 발달로 학교와 교사의 필요성이 줄어들고, 쌍방향 온라인 수업이 가능해지면서 세계 여러 나라의 수업을 내 방에서 듣는 시대가 왔기 때문이죠. 게다가 우리나라는 심각한 저출산 현상에 직면하면서 실제로 매년 임용되는 공립학교 교사가 줄어들고 있는 현실입니다.

하지만 역설적이게도 온라인 수업이 확산되면서 도리어 학교와 교사의 역할이 다시 주목받게 되었다고 생각합니다. 코로나19로 인해 학교에 가지 못하고 가정에서 온라인 수업을 받는 날이 길어지면서 초등학생들의 기초학력이 저하되었다는 보고가 이어졌지요. 그뿐 아니라 초등학생들이 친구를 사귀고 어울릴 기회를 빼앗기게 되었고, 체력과 인성 및 사회성을 고루 발달시키는 경험을 하는데 큰 제약이 따르게 되었습니다. 교사를 비롯해 학생, 학부모님 모두 학교에 가기만을 손꼽아 기다리게 되었죠.

인터뷰를 진행하며 더 자세히 말씀드리겠지만 우리 사회가 경험한 최근의 일들을 통해 초등교사의 존재 이유가 더 확실해졌다는 생각을 합니다. 만약 언젠가는 사라져버릴 직업이라면 프러포즈하기 어렵겠지만요. 앞으로 하는 일의 성격과 방식이 조금은 달라지더라도 초등교사는 한 아이의 인생과 한 사회의 미래를 위해 사라질 수 없는 중요한 직업이기 때문에 청소년들에게 프러포즈하려고 합니다.

편 선생님, 좀 엉뚱한 질문을 드릴게요. 저도 가끔 제 아이들이 이해가 안 되고 화가 날 때가 많거든요. 그런데 저희 둘째 아이 담임선생님을 보니까 반 아이들을 아들, 딸이라고 호칭

하면서 학생 한 명 한 명에게 사랑을 주시더라고요. 선생님들은 자신의 자녀도 아닌데 어떻게 그렇게 수많은 아이들에게 관심을 두고 사랑을 주실 수 있나요? 저는 못할 거 같아요.^^

전　맞아요. 쉽지 않은 일이죠. 한 학급에 많은 학생이 있기 때문에 모두에게 관심을 기울이고 세밀히 살펴보는 것은 쉬운 일이 아니에요. 하지만 숙련된 교사라면 충분히 가능한 일이기도 합니다. 그리고 학생들에게 사랑을 쏟는 만큼 학생들도 선생님에게 강력한 지지와 사랑을 돌려주거든요. 물론 가끔은 선생님의 마음을 몰라주는 학생을 만나 짝사랑하는 경우도 있지만요.^^ 대부분의 학생들은 선생님이 자신에게 관심을 가지고 있고 날 사랑한다는 것을 알아줍니다. 그렇게 서로의 마음이 통하는 거죠.

　　서로 마음이 통하는 사람끼리는 눈만 마주쳐도 웃음이 나죠? 그 사람이 하는 이야기가 귀에 쏙쏙 들어오고요. 교사와 학생도 비슷한 것 같아요. 서로에게 공감대가 형성되어 있으면 학생은 교사의 말을 신뢰하고 받아들이게 되고요. 그 모습을 보며 교사도 더 열심히 가르치려는 의지가 샘솟는 것 같아요. 그렇게 마음이 통할 때 진정한 교육이 이루어진다고 생각해요. 물론 이런 관계가 가장 이상적이라고 할 수 있지만 현실에서는 쉽게 되지 않죠. 그래서 많은 선생님들이 끊임없이 노력하고 계시고 저 또한 매일 노력 중입니다.

편 아이들에게 인생의 올바른 방향을 제시하고, 지식을 전달하는 일은 가르치는 사람이 그 길을 걷고 있어야 가능할 것 같아요. 올바르게 살아야 하고, 새로운 지식들을 습득해야 하는 이 직업이 힘든 적은 없나요?

전 제가 농담처럼 하는 말이 있는데요. 선생님들은 가르치는 것이 아니라 배우는 것을 더 좋아하는 것 같다고 해요.^^ 물론 초등교사는 매년 의무적으로 교육받아야 하는 연수도 있고, 일정 시간 직무와 관련된 교육을 이수해야 하지만요. 그것 외에도 참 다양한 분야를 끊임없이 배우며 자기 계발을 계속해 나가는 분들이 많아요. 또 교육과정이 주기적으로 바뀌고 교과서도 달라지기 때문에 초등교사는 가르치기 전에 항상 먼저 배우고 연구해야 하죠. 가르치면서도 더 나은 교수법을 연구하며 적용해 보고요. 그래서 가르치는 일은 필수적으로 배우는 일이 뒤따르는 직업인 것 같아요.

가르치기 전에 이렇게 끊임없이 배워야 한다는 것이 얼핏 보기에는 어렵게 느껴질 수도 있는데요. 실제로 현장에서 학생들을 가르치다 보면 교사에게 배움은 숙명이라는 생각이 들 때가 많답니다. 마중물을 부어야 우물물을 길어낼 수 있는 것처럼 새로운 배움과 끊임없는 연구가 더해져야 더 나은 가르침이 계속 이어질 수 있다고 생각하거든요. 그래서 배움이 어렵다기보다 도리어 당연하고 즐거운 일인 것 같아요.

다만 초등학생들을 가르치는 교사이기 때문에 조금은 더 나은 사람으로 본이 되게 살아야 한다는 것은 늘 어려운 일인 것 같아요. 길에서 함부로 무단횡단을 할 수 없고, 쓰레기를 버릴 수도 없죠. 제가 그렇게 학생들을 가르치니까요. 이웃을 보면 먼저 인사하고, 어려운 사람은 돕고 배려해야 하고요. 가르치기 위해서 저도 그런 것들을 지키며 사는 게 당연하면서도 때로는 어려운 일이에요. 교사라면 짊어져야 할 무게라고 할 수 있죠. 하지만 그 덕분에 저도 우리 사회에 작은 보탬이 되는 사람으로 살아가고 있다고 생각합니다.

편 초등교사의 세계는 아이들을 만나는 시간이자, 우리의 어린 시절과 다가올 미래를 만나는 여행이 될 것 같아요. 초등교사의 마음속에 펼쳐진 직업 세계의 모습과 아이들에 대한 사랑과 교육, 그리고 가슴 따뜻한 이야기로 들어가 보겠습니다.

초등교육이란

편 초등교육의 정의는 무엇인가요?

전 초등교육이란 한 인간이 독립된 인격체로 성장해 생활하는데 필요한 기초적인 지식, 기능, 태도 등을 가르치는 교육을 뜻해요. 우리나라의 교육 편제는 초등학교 6년, 중학교 3년, 고등학교 3년으로 되어 있는데요. 그중 6년의 초등학교 기간을 초등교육이라고 볼 수 있습니다. 이러한 초등교육 및 초등학교에 대한 정의는 우리나라의 교육기본법과 초·중등교육법에서도 찾을 수 있어요. 먼저 교육기본법 제3조에서 "모든 국민은 평생에 걸쳐 학습하고, 능력과 적성에 따라 교육받을 권리를 가진다."라고 설명하고 있고, 제8조 1항에서 6년의 초등교육과 3년의 중등교육을 의무교육으로 규정하고 있어요. 또 초·중등교육법 제4절 제38조에서는 초등학교에 대해 "국민생활에 필요한 기초적인 초등교육을 하는 것을 목적으로 한다."라고 밝히고 있습니다.

초등교육은 왜 필요한가요?

편 초등교육은 왜 필요한가요?

전 초등교육은 건전한 민주시민으로 성장하기 위해 대한민국 국민이라면 누구나 받아야 하는 의무교육이자 기본 권리입니다. 다시 말해 아이들이 독립된 인격체로 잘 성장하기 위해, 기본적으로 가져야 하는 기초 소양을 기르기 위해서 초등교육이 꼭 필요하죠. 현재 우리나라 교육 현장에 적용되고 있는 2015 개정 교육과정에서도 초등교육의 필요성을 찾을 수 있는데요. 여기에서는 초등학교 교육의 목표를 "학생의 일상생활과 학습에 필요한 기본 습관 및 기초 능력을 기르고 바른 인성을 함양하는 데에 중점을 둔다."라고 설명하고 있어요. 즉, 인간이 생활하는데 기본이 되는 습관과 학습을 위한 기초 능력, 그리고 바른 인성을 기르기 위해 초등교육이 필요하다고 할 수 있습니다.

편 초등교육의 역사를 알고 싶어요.

전 우리나라 초등교육의 역사를 거슬러 올라가 보면 기원을 고려시대와 조선시대의 서당에서 찾을 수 있어요. 서당은 아이들을 위한 첫 교육기관이라는 점에서 비슷하기도 하지만 유교 전파를 위해 누구나 설립할 수 있었던 사설 교육기관이라는 점에서 현재의 초등학교와는 차이가 있지요.

근대적 의미의 초등교육 기관을 찾는다면 1895년에 공포된 소학교령에 따라 설립된 소학교를 시초라고 볼 수 있어요. 이후 소학교는 보통학교로 명칭이 바뀌었다가 일제강점기 동안 심상소학교, 국민학교로 명칭이 변경되어 광복 이후까지 이어졌지요. 1996년이 되어서 현재의 이름처럼 초등학교라 불리게 되었어요.

✦ 교사 수업 장면 ✦

초등교육이 외국의 영향을 받았나요?

📧 우리나라 초등교육이 외국의 영향을 받은 게 있나요?

📧 그 질문에 답하려면 먼저 우리나라 교육과정의 변천에 대해 설명해야겠네요. 앞에서 근대적 의미의 초등학교는 1895년에 세워진 소학교에서 출발한다고 했는데요. 그런 의미에서 본다면 1894년 갑오개혁에서 근대 교육이 시작되었다고 할 수 있어요. 그 이후의 우리나라 역사는 이미 잘 아시다시피 일제 강점기와 독립, 한국전쟁, 미군정 체제, 대한민국 정부 수립 등으로 매우 급변했죠. 이러한 시대 상황에 영향을 받아 우리나라 교육과정이 다양하게 변화되었어요.

이 과정에서 영향을 준 외국을 꼽아보자면 먼저 일본을 찾을 수 있겠네요. 우리나라 근대 교육이 시작되던 시기에 일제 강점기를 겪었으니까요. 특히 우리나라를 식민지화하기 위해 1911년부터 시행한 조선교육령 아래에서 초등학교는 보통학교, 소학교, 국민학교 등으로 불리게 되었는데요. 국민학교라는 명칭은 1996년이 되어서 초등학교가 되었죠. 이 시기의 관습은 꽤 오래 남아 있기도 했어요. 예를 들면 반장이 일어나 선생님께 경례하는 모습도 일제 교육의 영향이죠. 지금은 거의

사라져서 초등학교에서는 선생님과 편안하고 자유롭게 인사합니다.

독립 이후 미군정 시대에는 미국 교육의 영향을 받기도 했어요. 독립 직후 어수선한 상황에서 미국의 교수요목을 들여와 교육의 기틀을 잡아가기 시작했던 것이죠. 대한민국 정부 수립 이후에는 우리나라의 교육과정이 크게 발전하며 여러 차례 개정되었어요. 우리나라의 시대적 요구뿐 아니라 전 세계 교육학의 흐름과 맥을 같이 했다고 볼 수 있죠.

구체적으로 살펴보자면 제1차 교육과정은 1954년에 공포되었는데 역사적으로 가장 오래 주장되어온 교과 중심 교육과정에 기반해 제정되었어요. 이후 미국에서는 존 듀이를 중심으로 교과가 중심이 되는 교과 중심 교육과정이 아니라 학생의 경험이 중심이 되어야 한다는 경험 중심 교육과정이 대두되었는데요. 우리나라도 이에 영향을 받아 1963년에 제2차 교육과정이 제정·공포됩니다. 하지만 1957년에 성공한 소련의 스푸트니크 인공위성으로 미국 사회는 충격에 빠지게 되었고, 미국의 교육학자 브루너의 이론에 기초해 학문 중심 교육과정이 대두되었어요. 이는 세계 여러 나라에 영향을 끼쳤고 우리나라에서도 1973년에 제3차 교육과정이 제정되는데 밑받침이 되었습니다. 이처럼 20세기 이후 교육과정이 발전하는 데에는 미국을 중심으로 세계의 교육 연구가 영향을 주었다고 볼 수 있어요.

⬤편 그럼 미국과 일본의 교육 제도가 혼재되어 있는 거네요.

⬤전 음, 미국과 일본의 교육 제도가 혼재되어 있다기보다 우리나라의 근대사에 큰 영향을 끼친 나라가 두 나라이다 보니 필연적으로 우리나라의 공교육이 기틀을 마련하고 발전해가는 데 영향을 줄 수밖에 없었다고 생각해요. 또 20세기 이후로는 학문 연구의 동향을 전 세계가 공유하고 함께 발전시키는 시대가 되었고요. 하지만 교육기관이나 제도와 같은 외적인 부분 외에 교육을 통해 추구하는 인간상, 교육을 이루어가는 과정 등 내적인 부분은 우리 민족이 오랜 역사 속에서 발전시켜온 가치를 계승해간다고 봅니다. 단적인 예로 현재 우리나라의 교육과정은 2015 개정 교육과정인데요. 교육과정의 근간이 되는 총론에서 명확하게 밝히고 있는 추구하는 인간상의 가치가 바로 우리나라 역사의 뿌리라고 할 수 있는 홍익인간의 이념이에요. 우리의 전통과 가치를 미래 세대에도 이어가도록 하는 것이죠. 이처럼 우리의 교육은 우리 민족만의 고유한 가치와 세계관을 토대로 발전해간다고 생각합니다.

초등교육은 어떻게 이루어져 있나요?

편 초등교육은 어떻게 이루어져 있나요?

전 우리나라 초등교육의 내용을 알아보려면 초등학교 교육과정과 교과목을 살펴보면 됩니다. 초등학교 교육과정은 크게 교과와 창의적 체험활동으로 나누어 볼 수 있는데요. 교과는 국어, 사회/도덕, 수학, 과학/실과, 체육, 예술(음악/미술), 영어로 구성되어 있어요. 통합교육이 이루어지는 초등학교 1, 2학년의 교과는 국어, 수학, 바른 생활, 슬기로운 생활, 즐거운 생활로 되어 있고요.

정리해 보면 초등학교 1, 2학년은 국어, 수학, 바른 생활, 슬기로운 생활, 즐거운 생활을 학습합니다. 초등학교 3, 4학년은 국어, 도덕, 사회, 수학, 과학, 체육, 음악, 미술, 영어를 학습하고요. 초등학교 5, 6학년은 국어, 도덕, 사회, 수학, 과학, 실과, 체육, 음악, 미술, 영어를 학습하죠. 다만 초등학교 1, 2학년은 주제 중심의 통합교육을 하기 때문에 바른 생활, 슬기로운 생활, 즐거운 생활이 각각 교과서로 나오지 않고 통합하여 봄, 여름, 가을, 겨울이라는 이름의 교과서로 학습하게 됩니다.

초등학교 교과서는 누가 만드나요?

편 초등학교 교과서는 누가 만드나요?

전 우리나라에서 사용하는 교과서는 편찬 주체에 따라 국정교과서와 검·인정교과서로 나눌 수 있어요. 국정교과서는 국가에서 직접적으로 교과서 저작에 관여해 내용을 결정하는 교과서예요. 검·인정교과서는 민간에서 펴낸 도서를 교육부장관의 검정을 받아 국가의 적합성 여부 심사에서 합격한 검정교과서와 교육부장관이 인정하고 시도교육감의 승인을 받은 인정교과서를 뜻하고요.

초등학교 교과서는 그동안 체육, 음악, 미술, 실과, 영어 등 일부 과목을 제외한 전 학년 교과서가 모두 국정교과서로 제작되었는데요. 교육의 다양성과 자율성 확보를 위해 2022년부터 초등학교 3, 4학년의 수학, 사회, 과학 교과서가 검정교과서로 전환되었어요. 따라서 현재 초등 3, 4학년에서는 국어와 도덕 교과만 국정교과서로 제작되는 것이죠. 2023년부터는 초등학교 5, 6학년 교과서 역시 같은 방식으로 전환되었습니다.

교과서는 누가 정하나요?

📮 초등학교 교과서는 누가 정하나요?

📗 초등학교 교과서는 교사와 학부모의 의견을 수용해 함께 결정해요. 물론 국가에서 정한 국정교과서는 정할 수 없고요. 민간에서 발행하는 검·인정교과서는 여러 출판사의 교과서 중에서 가장 적합하다고 생각되는 것을 선택해서 학습합니다. 최근 이슈였던 게 초등학교 일부 교과서가 검·인정교과서로 전환된다는 것이었죠. 기존에는 전 과목을 국정교과서로 쓰다가 체육, 음악, 미술, 영어 같은 예체능 교과는 민간 출판사의 검·인정교과서를 채택해서 사용했는데요. 이제는 사회, 수학, 과학 교과까지 확대되었어요. 그래서 2023년부터는 1, 2학년 전체 교과서와 3~6학년의 도덕, 국어 교과서만 국정교과서를 사용하게 되었습니다.

📮 그렇게 되면 어떤 장단점이 있을까요?

📗 자연스럽게 학교마다 쓰는 교과서가 달라지겠죠. 국정교과서를 사용하는 일부 과목만 제외하고요. 예를 들어 전학 가는 학생이 있다면, 이전 학교에서 썼던 국어책은 새로 갈 학교에서

도 같은 책으로 배우지만, 음악이나 미술은 교과서가 달라지는 거죠. 이것은 학교마다 교육과정을 수립해 시행하는데 이전보다 더 많은 다양성을 얻게 되었다는 것을 의미해요. 초등학교는 국가에서 제정해 공포한 국가 수준의 교육과정을 토대로 각 학교의 교육 환경과 여건을 고려해 학교 수준의 교육과정을 수립하고 시행하게 되는데요. 민간 출판사에서 편찬한 검·인정교과서를 학교의 여건에 맞게 선택할 수 있는 자율성을 얻게 되는 것이죠. 같은 교육과정을 가지고 어떤 자료를 제공하고, 어떻게 풀어내는가는 출판사마다 다양하게 만들 수 있으니까요.

편 그럼, 학교에 자율이 많이 주어지는 거네요.

전 그렇죠. 그리고 학교의 자율이면서 동시에 학부모의 자율이기도 해요. 내 아이가 배울 교과서를 선택하는 과정에 학부모가 직접 의견을 제시할 수 있는 권한이 생기는 거니까요. 예를 들어 저희 아이들이 다니는 학교에서는 여러 교과서를 학교 강당과 홈페이지에 전시해 학부모 의견을 듣는 과정을 거쳤어요. 제가 근무하는 학교에서는 교사로 구성된 교과서심의위원회와 학부모 대표로 구성된 학교운영위원회가 협의해 교과서를 선택했고요. 이렇게 교육의 주체인 교사와 학부모가 직접 교과서를 선정하는 건 당연하다고 생각합니다.

창의적 체험활동은 무엇인가요?

편 창의적 체험활동은 무엇인가요?

전 2015 개정 교육과정에서는 창의적 체험활동을 "교과와 상호 보완적 관계 속에서 앎을 적극적으로 실천하고 심신을 조화롭게 발달시키기 위하여 실시하는 교과 이외의 활동"이라고 설명하고 있어요. 줄여서 흔히 '창체'라고 부르기도 하는데요. 다시 말해 학생들이 다양한 집단 활동을 통해 공동체 의식을 기르고, 개인의 소질과 잠재력을 키워 창의적인 삶의 태도를 기르는 것을 목표로 하는 교과 외 활동이라고 할 수 있어요. 특히 초등학교의 창의적 체험활동은 공동체 생활에 필요한 기본 생활 습관을 기르고 학생의 개성과 소질을 발견하는 것에 중점을 두고 있어요.

이러한 목표를 위해 초등학교에서는 자율활동, 동아리 활동, 봉사활동, 진로활동이라는 네 개 영역으로 나누어 학교와 학생의 특성에 맞게 선택해 실시하죠. 구체적으로 예를 들어볼까요? 초등학교의 자율활동에는 초등학교 입학 초기에 학교생활에 적응하는 활동이나 사춘기가 시작되는 초등학교 고학년 학생들을 위한 적응 활동이 있어요. 학급이나 학교 내에서 민주적으로 의사소통하는 방법을 배워 실천하는 것도 자율활동이고요. 동아리 활동에는 자신의 재능을 발견하고 건전한 정신과 신체를 기를 수 있는 다양한 활동이 포함됩니다. 음악, 미술, 연극, 놀이 등을 경험하며 심미적 감성도 키울 수 있고 청소년 단체 활동을 통해 소속감을 키우기도 하죠. 그리고 봉사활동에는 이웃돕기 활동, 환경보호 활동, 캠페인 활동 등이 있고요. 마지막으로 진로활동에는 긍정적 자아 개념을 형성하고 소질과 적성을 발견하며 일의 가치를 알 수 있는 여러 활동이 포함됩니다. 이러한 창의적 체험활동을 통해 학생들은 교과 수업만으로는 접하기 어려운 여러 활동을 직접 경험하며 전인적 발달을 이루어갈 수 있게 되는 것이죠.

초등학교의 일 년 교육 활동이 궁금해요.

[편] 초등학교의 일 년 교육 활동에는 어떤 것들이 있나요?

[전] 예시를 월별로 정리해서 보여드릴게요.

3	4	5	6	7	8
• 입학식 • 1학기 임원 선출 • 학부모 참관 공개수업 • 학교 설명회 • 학부모 단체 조직	• 학부모 상담주간 • 과학의 달 행사 • 현장 체험학습	• 어린이날 기념행사 • 소체육대회 • 스승의 날 • 인성교육 주간 • 가정의 달 행사	• 호국보훈의 달 행사 • 독서대회	• 1학기 성적 입력 • 1학기 통지표 배부 • 여름방학식	• 방학 중 교내 캠프 운영 (영어캠프, 독서캠프, 학습부진 지원 등) • 개학식 • 2학기 임원 선출

9	10	11	12	1	2
• 학생 상담 주간 • 교육청 과학탐구 대회 • 예술제, 체육대회	• 학부모 상담주간 • 독서의 달 행사 • 현장 체험학습 • 6학년 소규모 테마교육 여행	• 인성교육 주간 • 재난 대응 안전 훈련 • 동료장학 • 교원 평가	• 2학기 성적 입력 • 인증제 평가* • 겨울방학식	• 방학 중 교내 캠프 운영 • 개학식**	• 생기부 종합 일람표 제출 • 2학기 통지표 배부 • 종업식, 졸업식 • 전보 발령 • 새 학년 선정 및 담임 발표 • 교육과정 계획 수립 (학교, 학년, 학급)

* 독서, 줄넘기 등을 시행했으나 현재는 없어진 학교가 많음

** 학교 구성원의 의사결정을 통해 12월에 겨울방학식을 하지 않고 학사 운영 후 1월에 종업식, 졸업식을 하는 학교가 많아지는 추세임

우리나라 초등교육의 수준은 어떤가요?

편 우리나라 초등교육의 수준은 외국과 비교했을 때 어느 수준인가요?

전 답하기 어려운 질문이네요.^^ 사실 교육은 양적, 질적으로 정확하게 비교하기가 어려운 부분이 있어서요. 그래도 가장 객관적으로 수치화할 수 있는 것을 찾아본다면 경제협력개발기구(이하 OECD)에서 발표하는 교육지표를 들 수 있을 것 같아요. OECD에서는 매년 각국의 교육지표를 조사해 발표하는데요. 2022년에 발표한 자료에서 초등교육 부문을 비교해 볼게요. 회원국 38개와 비회원국 7개, 총 45개국의 2019년 교육지표를 비교한 결과입니다. 먼저 우리나라의 학생 1인당 공교육비 지출액은 전년 대비 7% 증가한 $13,341로 OECD 평균보다 높은 수치입니다.

기준 연도	구분	초등교육	
		학생 1인당 공교육비 지출액	국민 1인당 GDP 대비 비율
2019년	한국 (변화)	13,341 ▲807	31.0 ▲1.5
	OECD 평균	9,923	21.8
2018년	한국	12,535	29.5
	OECD 평균	9,550	21.3

• 단위 : $(PPP), %, %p, • 출처: 교육부

또한 국내총생산(GDP) 대비 정부 재원 공교육비 비율은 초·중등교육의 경우 전년 대비 0.3% 상승한 3.4%로 OECD 평균보다 높은 수치입니다.

기준 연도	구분	초·중등교육		
		정부	민간	합계
2019년	한국 (초기재원) (변화)	3.4 (3.4) ▲0.3	0.4 (0.3) ▼0.0	3.7 - ▲0.2
	OECD 평균 (초기재원)	3.1 (3.2)	0.3 (0.3)	3.4 -
2018년	한국	3.1	0.4	3.5
	OECD 평균	3.1	0.3	3.4

• 단위 : %, %p, • 출처: 교육부

조사 결과를 종합해 본다면 우리나라 초등교육 부문에서 공교육비 지출액은 학생 1인당 지출액, 국민 1인당 GDP 대비 비율, 정부 재원 공교육비 비율 모두 OECD 평균보다 높은 수치라는 것을 알 수 있어요. 공교육비 지출액이 높다는 것이 곧 교육 수준이 높다는 것을 의미하는 것은 아니지만 반대의 경우에 높은 교육 수준을 기대할 수는 없으리라 생각합니다.

편 초등학교가 왜 필요할까요?

전 이 질문에 대한 답변은 인터뷰를 시작할 때 제가 왜 초등교사라는 직업을 프러포즈하게 되었는지 설명한 부분과 통할 것 같아요. 초등교사는 과학기술의 발달과 저출산 현상으로 미래 사회에 없어질 직업으로 손꼽히지만, 코로나19와 온라인 수업을 경험하며 우리 사회는 초등학교와 초등교사의 역할을 더 실감하게 되었다고 말씀드렸죠. 비슷한 맥락에서 흥미로운 자료가 있어요. 다양한 분야의 전문가들이 모여 인류의 지속 가능성을 연구하는 글로벌 NGO 밀레니엄 프로젝트는 10년 후 미래를 예측하는 '세계미래보고서'를 매년 발간해 '세계미래회의World Future Society'에서 발표하고 있는데요. 10년 전에 미래를 예측해 발표한 자료들이 오늘의 현실과 매우 흡사해 놀라웠어요.

예를 들면 2009년에 발표한 '유엔미래보고서 2'에서는 정보통신기술의 발달로 교육 정보가 대중에게 오픈되고, 교사는 지식의 전수자가 아니라 리더십, 팀워크, 창의적 사고, 문제해결 능력, 의사소통 능력 등을 가르치는 역할로 전환될 것으로 예측했어요. 지식 전달이 필요 없어지면서 홈스쿨이 늘어나고, 누구나 지식에 접근 가능해지면서 권력의 주체가 달라지고 학교와 교사의 역할도 변화할 것이라고 보았죠. 교육 설계는 학습자 맞춤형으로 이루어질 것이고요. 그리고 2010년에 발표한 '유엔미래보고서 3'에서는 정해진 수업 시간의 의미가 사라지고 방대한 정보에서 스스로 어떻게 공부하느냐가 중요해진다고 보았어요. 과도한 온라인 매체의 사용으로 인해 어린 학습자들은 읽고 쓰는 기초 능력이 저하되는 문제가 발생하고, 타인과 관계를 맺고 의사소통하는 사회적 소양이 취약해질 것으로 예측했고요. 온라인 수업이 확대될 것으로 예상되지만 동시에 아날로그적 학습의 중요성도 커질 것이라고 했죠.

지금의 교육 현실과 정말 비슷하지 않나요? AI 기술과 메타버스가 학교를 대체할 수 있다고 말하는 전문가들도 있지만 과학기술이 대신할 수 없는 초등교육의 의미가 분명히 있다고 저는 생각해요. 그동안 초등학교 1, 2학년을 여러 해 지도해 보았고, 지금도 1학년 담임을 맡고 있는데요. 저학년 아이들을 가르쳐보면 세심하게 지도해야 할 것들이 많아요. 초등학교 1학년 아이들은 아직 손에 힘이 없기 때문에 연필을 바르게 쥐는 것부터 어려워하죠. 가로, 세로 반듯하게 선을 긋는 것도 어렵고, 점과 점을 연결하는 것도 시행착오가 필요한 아이들이 많아요. 물론 가정이나 사교육 기관에서도 충분히 연습할 수 있겠지만 학교에 오지 않는다면 그럴 수 없는 학생들도 많거든요. 공교육 무용론이 현실이 된다면 오히려 누군가에게는 교육의 기회를 빼앗는 결과가 나타날 수 있을 거라고 생각합니다.

그리고 초등학교가 사라졌을 때 가장 우려되는 부분이 사회성이죠. 학교생활을 해보면 자신과 뜻이 안 맞는 친구와 모둠 활동을 하면서 다퉈보기도 하고, 슬기롭게 화해하고 대처

✦ 교사 수업 장면 ✦

하는 법도 배우게 돼요. 가끔은 내가 하고 싶은 게 있지만, 모둠에서 결정한 대로 따르기 위해 내 주장을 내려놓기도 하고, 양보도 하면서 의견을 조율해 나가는 과정들이 있고요. 또 리더십도 기를 수 있죠. 모둠 활동을 하면서 내가 친구들을 이끌어보고, 과제를 준비해서 성취해 보는 것은 교과서에 담긴 지식만으로는 배울 수 없는 부분이거든요. 결국 초등학교가 미래에도 존재해야 하는 이유는 지식을 전달하기 위해서가 아니라 무분별하게 쏟아지는 방대한 정보를 선별하고 창의적으로 탐구하는 능력, 문제해결 능력, 의사소통 능력, 사회성, 공동체 의식을 기르기 위해서라고 정리할 수 있겠네요.

홈스쿨링을 하고 중학교로 진학하는 건 어때요?

편 초등학교 과정은 홈스쿨링을 통해 지식 위주로 빨리 습득하고, 중학교나 고등학교에 진학하는 건 어떨까요?

전 과거에는 학교에 직접 가야 하고, 선생님이 있어야만 배울 수 있었는데, 지금은 교육 정보가 누구에게나 열려 있어서 홈스쿨링으로도 충분히 교과 내용을 학습할 수 있어요. 실제로도 가정에서 홈스쿨링을 하는 사례들이 TV에 많이 나오잖아요. 이런 인터뷰도 봤어요. 아이를 학교에 보내지 않고 12년 교육과정을 부모가 직접 가르치면 10년 안에 다 익혀 검정고시를 볼 수 있고, 남은 2년 동안 세계 여행을 하면서 아이가 견문을 넓힐 수 있도록 자유롭게 보내고 싶다는 부모님이 계셨어요. 그 아이가 4학년쯤으로 보였는데요. 학교를 마치고 온 동네 친구와 노는데, 아이가 학교생활을 궁금해하고 친구에게 계속 물어보더라고요.

아마 사람마다 다를 것 같아요. 홈스쿨링도 분명히 장점이 있고, 그 아이는 특별한 경험을 하는 걸 수도 있죠. 하지만 현직 초등교사의 입장에서 봤을 때, 홈스쿨링을 하는 아이의 경우는 학교에 가지 못해서 경험할 수 없는 부분을 다른 방식으로라도 부모님들이 채워줘야 한다고 생각해요. 질문하신 대로 초등학교 과정을 홈스쿨링으로 보낸다면 미처 채우지 못한 부분을 중학교, 고등학교에 가서 배울 수도 있겠죠. 하지만 어린 시절부터 다양한 경험을 하고, 여러 사람을 만나 의견을 조율해가는 과정은 순차적으로 쌓여가며 발전한다고 생각해요. 조금 극단적이긴 하지만 만약 무인도에서 열세 살, 열네 살까지 혼자 살다가 중학교에 앉혀 놓는다고 해서 이 아이가 갑자기 사회성이나 의사소통 능력 등이 발달하는 건 아니라고 생각하거든요.

우리가 교육의 궁극적인 목적을 한 인간의 독립이라고 이야기하는데요. 진짜 독립적인 인간으로 잘 자라려면 단순히 많이 아는 게 중요한 게 아니고, 자신이 아는 것들을 주변 사람들과 함께 공유하고 공감해야 해요. 사회에서 자기 능력을 최대한 발휘할 수 있으려면 타인과 관계를 맺어가면서 그 속에서 자신을 계속 발전시켜야 하죠. 그런 경험이 초등학교 시절부터 차근차근 쌓여야 한다고 생각합니다. 많이 놀고, 부딪혀 보고, 싸우기도 하면서 다양한 경험을 쌓아 올리는 거죠. 인성, 사회성, 공동체 의식 등은 사실 답이 정해져 있는 게 아니에요. 오로지 경험을 통해서 자신의 세계를 다듬고 발전시켜 나가는 거죠.

✦ 교사 수업 장면 ✦

편 그래도 홈스쿨링으로 시간을 단축할 수 있다면 효율적이긴 하네요.

전 홈스쿨링은 학교처럼 천천히 배울 필요가 없죠. 어떤 분들은 아이의 인지 능력이 충분히 발달해서 교과과정을 단축해서 끝낼 수 있는데, 그걸 6년 동안 나눠서 배우는 게 비효율적이라고 생각하시는 것 같아요. 물론 잘 따라가는 아이도 있겠죠. 실제로 조기 졸업하고 20세가 되기 전에 대학교에 입학한 영재들 이야기도 언론에 많이 나오잖아요. 그런 친구들은 교육의 수월성 측면에서 보면 시간을 단축하는 게 득이 될 수도 있지만, 그런 사람이 많은 건 아니잖아요. 학교의 학습 과정이 느려 보이고, 답답해 보일 순 있어요. 다만 학교는 아이들에게 단순한 기계적인 계산법을 가르치는 것으로 끝나지 않아요. 정말 충분한 시간을 들여서 왜 그렇게 계산해야 하는지 아이들이 직접 손으로 만져보고, 그림으로도 그려보고, 눈으로 확인하며 계속 반복하죠. 다양한 방법을 통해 아이의 지식으로 흡수될 수 있도록 만들어요. 이렇게 충분히 탐구하고 생각해 보며 아이들은 스스로 문제에 적용하고 답을 찾아가는 힘을 기를 수 있어요. 창의적 사고력과 탐구력은 이렇게 습득해가는 것이죠. 그것이 바로 미래 사회가 우리 아이들에게 요구하는 핵심 역량이랍니다.

▣ 초등교육은 앞으로 어떻게 변할까요?

㉓ 앞에서 언급했던 밀레니엄 프로젝트에서 출간한 '세계미래보고서 2055'에서는 미래 교육에 대해 기계적 암기나 표준화된 시험이 아니라 창의성, 분석적 사고, 문제해결 능력 등이 강조될 것이라고 보았어요. 인공지능이 개별 학생에게 맞는 최적의 속도와 방법으로 지식을 전달하고, 가상현실 체험이 더해져 더 많은 지식을 흡수하게 될 거라고 보았죠. 온라인 플랫폼을 통해 강의가 무료로 제공되고, 전 세계에서 학습이 가능해지는 시대가 오는 것이죠.

종합해 보면 미래의 학교 교육은 지식 전달을 목표로 하지 않아요. 지식을 많이 가지는 것보다 온라인으로 전 세계 어디에서든 접근할 수 있는 방대한 정보를 어떻게 선별해 수용하는지가 더 중요해지는 거죠. 따라서 초등교육에서도 인터넷으로 언제든 쉽게 접할 수 있는 수많은 정보를 무분별하게 습득하기 쉬운 어린이들이 스스로 가치 판단을 해서 옳은 정보를 구별할 수 있는 능력을 기를 수 있도록 교육해야 합니다. 이와 동시에 온라인 매체의 과도한 노출로 계발시키지 못하고 넘어가기 쉬운 읽기, 쓰기와 같은 기초 소양을 컴퓨터나 도구가 아니라 직접 연필을 쥐고 자기 손으로 써보는 학습도 게을리해서는 안 되고요. 그리고 인공지능과 가상현실, 메타버스와 같은 미래 사회의 기술을 교육 현장에 적절히 반영해 풍부하고 실제적인 도움을 줄 수 있어야겠죠.

무엇보다 초등교육은 한 인간이 독립된 인격체로 성장해가는 과정에서 경험하는 첫 학교생활이자 사회의 규범과 가치를 본격적으로 배우는 시기이기 때문에 더 특별한 의미가 있어요. 학급 안에서 나와 다른 여러 친구와 몸으로 직접 부딪치고 시행착오를 거치며 배우게 되거든요. 그런 의미에서 미래에는 지식 전달자로서의 의미는 옅어지겠지만 사회적 소통을 위한 기초 소양을 기르는 배움의 장으로서 초등교육은 계속 지속될 것이라고 생각합니다.

초등교사의
세계

편 초등교사의 업무는 어떻게 되나요?

전 초등교사라는 직업은 학생들을 가르치는 일만 한다고 생각하기 쉬운데요. 그 외에도 많은 업무가 있어요. 초등교사가 하는 일은 크게 학습 지도, 생활 지도, 학급 운영, 학교 업무, 이렇게 네 가지로 나누어 볼 수 있을 것 같아요.

편 학습 지도 업무는 무엇인가요?

전 초등학교에서는 중 · 고등학교와 다르게 담임교사가 1년 동안 맡게 된 학급 아이들과 한 교실에서 생활하며 전 과목을 지도해요. 각 과목의 수업을 계획하고, 수업에 필요한 자료를 제작해 수업을 진행하고, 평가하는 모든 과정을 하게 되죠. 물론 학급을 맡지 않고 여러 학급에 들어가 특정 교과목 수업을 하는 교과 전담 선생님들도 계세요. 보통 영어, 과학, 음악 등을 맡게 되는데, 과목은 해마다 각 학년에서 협의를 통해 결정합니다. 담임교사로 학급 아이들을 지도하는 경우 매일 네다섯 시간의 수업을 하게 되어 주당 평균 22~23시간의 수업을 하게 됩니다. 조금 더 이해하기 쉽도록 4학년 시간표를 예시로 보여드릴게요. 아래 표에서 검정 글씨는 담임교사, 색 글씨는 교과 전담 교사가 맡아 지도합니다.

4학년 수업 시간표

	월	화	수	목	금
1교시	국어	국어	국어	국어	국어
2교시	수학	수학	도덕	수학	국어
3교시	사회	사회	과학	수학	과학
4교시	영어	음악	체육	음악	영어
5교시	과학	미술		창체	체육
6교시		미술		창체 (동아리)	

주당 과목별 수업 시수

국어	도덕	사회	수학	과학	체육	음악	미술	영어	창체	소계
6	1	2	4	3	2	2	2	2	2	26

앞에서 초등학교 교육과정을 크게 교과와 창의적 체험활동으로 나눌 수 있다고 설명했는데요. 교과 수업 외에 창의적 체험활동도 담임교사가 지도해야 하는 시간입니다. 창의적 체험활동은 자율활동, 동아리 활동, 봉사활동, 진로활동의 네 개

영역으로 나누어져요. 각 영역에 구체적으로 어떤 활동이 있는지 아래 표로 예시를 보여드릴게요.

창의적 체험활동의 세부 내용별로 지도 시간을 정리한 표인데요. 하나는 4학년, 다른 하나는 1학년의 지도 내용이에요. 자세히 살펴보면 1학년의 창의적 체험활동에서 시간 배당이 월등히 많이 된 부분이 있는데 찾으셨나요? 네, 자율활동 영역의 적응 활동입니다. 초등학교 1학년은 입학 직후에 학교생활에 적응하는 적응 활동 시간을 가지게 되는데요. 그 부분이 창의적 체험활동에 해당합니다. 물론 교과 학습 시간과 연계해 수업을 구성할 수도 있고요.

창의적 체험활동의 편제와 세부 내용 (1학년)

항목			지도 내용	시수		계
				1학기	2학기	
자율활동	자치적응활동	적응 활동	■꿈을 키우는 학교생활 첫걸음(60) ■기본 생활 습관, 학습 습관 만들기(2)	60	2	62
		자치활동	■학급 규칙 정하기 ■1인 1역 ■모둠원 역할 분담하기 등	4	2	6
	창의주제활동	행사활동 / 의식행사	■입학식(1), 종업식(1), 방학식(2), 개학식(2)	2	4	6
		행사활동 / 학예 행사	■한마음 체육대회(2)	0	2	2
		창의특색활동 / 폭력 예방	■학교 폭력 예방 교육(2)	1	1	2
		창의특색활동 / 보건	■성폭력 예방 교육(2)	1	1	2
		창의특색활동 / 정보통신 활용 교육	■정보통신 활용 교육(2) ■인터넷 중독 예방 교육(2) ■저작권 교육(2)	3	3	6
		창의특색활동 / 환경교육	■환경교육(2) ■숲속 보물 탐험(2)	2	2	4
		학교 특색활동	■협력적 인성교육(16)	8	8	16
			■독서·토론·인문 소양 교육(15)	9	6	15
		학년 특색활동	■친구야 놀자(16)	12	4	16
자율활동 계				**102**	**35**	**137**
동아리활동	실습 노작 활동		■꼬마 화가(6) ■종이접기(4) ■사고력 신장 도형 놀이(4) ■칠교놀이(4)	10	8	18
봉사활동	교육과정 내		■봉사활동 계획(2)	1	1	2
			■봉사활동 실행(2)	1	1	2
			■봉사활동 평가(2)	1	1	2
	개인 봉사					0
진로활동			■자기 이해 활동 ■체험 중심 진로 현장학습(1) - 2학기	4	5	9
안전한 생활			■안전한 생활(28) ■재난 대응 안전 훈련(2)	15	15	30
계				**134**	**66**	**200**

그럼 이번에는 4학년의 창의적 체험활동에서 다른 점을 찾아볼까요? 세부 활동에 시수가 적혀 있지 않은 항목이 있는데요. 바로 동아리 활동이에요. 4학년은 학생들의 적성과 흥미에 따라 자신이 원하는 동아리 활동을 선택해 학습하기 때문에 전체 시수만 적은 것이죠. 동아리 활동은 학급 단위에서 실시할 수도 있고, 학년 또는 학교 단위에서 동아리를 구성하고 학생들이 선택해 진행할 수도 있어요.

창의적 체험활동의 편제와 세부 내용 (4학년)

영역	세부 영역	지도 내용	시수		계
			1학기	2학기	
자율 활동	적응 활동	■기본 생활 습관 형성, 축하, 친목, 사제동행 활동	3	1	4
	자치활동	■학급 임원 선거(4)	2	2	4
		■전교 임원 선거(4)	2	2	4
		■학급회의(8)	3	5	8
	행사 활동	■시업식(1), 방학식(2), 개학식(2), 종업식(1)	2	4	6
		■재난 대응 안전 훈련(2)	2	0	2
		■예술제(2)	0	2	2
	창의 주제 활동 (학교 특색)	■독서 토론 인문 소양 교육(12)	6	6	12
		■존중하고 배려하는 협력적 인성교육(10)	3	7	10
	창의 주제 활동 (학년 특색)	■정보통신 윤리교육(12)	6	6	12
동아리 활동	동아리 활동	■학술, 문화 예술, 스포츠, 실습 노작, 청소년 단체 활동	10	8	18
봉사 활동	교내 봉사활동	■봉사활동 계획 세우기(2), 실행하기(4), 평가하기(2)	4	4	8
진로 활동	진로활동	■자기 이해 활동(6), 진로 탐색 활동(4), 진로 설계 활동	6	6	12
계			51	51	102

편 생활 지도는 구체적으로 어떤 일인가요?

전 초등교사는 학급 담임을 맡게 되면 교실에서 근무한다는 점이 수업 외에는 교무실에서 주로 근무하는 중등교사와 다른 점인데요. 아침에 교실로 출근하면 학생들이 등교하는 것을 맞이하는 것부터 업무가 시작됩니다. 학생들이 외투를 벗어서 정돈하고 수업을 준비할 수 있도록 돕고요. 집에서 해온 과제나 학부모가 작성해 학교로 보낸 가정통신문 걷는 일 등을 합니다. 모든 학생이 등교하고 1교시 수업을 시작할 때까지 아침 활동을 하도록 지도하고요. 특히 코로나19 이후에는 매일 아침 학생들의 열 체크와 손 씻기 교육도 담임교사의 업무가 되었어요.

수업 사이 쉬는 시간에도 교무실이나 다른 공간으로 이동하지 않고 교실에서 학생들과 함께 지내며 생활 지도를 하는데요. 보통 친구들과 놀다가 가장 많이 다치기 때문에 안전사고가 일어나지 않도록 지켜보고, 다투는 아이들이 생기면 서로 화해하도록 지도하는 것도 담임교사가 해야 할 일이랍니다. 학생들은 쉬는 시간에 쉴 수 있지만 선생님은 쉴 수 없지요.^^ 사실 화장실도 가기 어려울 때가 많아요. 물론 화장실에서도 아이들이 질서를 지키며 잘 이용하는지 지켜보고 지도하게 되고요. 화장실 휴지를 몽땅 뽑아서 미라 놀이를 하는 아이들도 있고, 세면대에서 물로 장난을 치느라 옷이 다 젖어버리는 아이들도 있거든요. 그래서 교실에서 뿐만 아니라 복도나 화장실에서도 교사는 계속 아이들을 지켜보게 되는 것 같아요.

그리고 점심시간에도 담임교사는 급식 지도를 합니다. 공무원의 하루 근무 시간이 여덟 시간이어서 9시 출근인 경우 6시에 퇴근하는데요. 초등교사는 점심시간 한 시간을 휴식 시간이 아닌 근로 시간으로 인정받아 한 시간 먼저 퇴근할 수 있어요. 주변에서는 일찍 퇴근하니 부럽다고 하지만 밥이 코로 들어가는지, 입으로 들어가는지 모르는 점심시간을 매일 겪다 보면 사실 장점만은 아니라는 생각도 들어요. 급식 시간에는 아이들 식판에 음식을 배식해 주어야 하고, 반찬을 가위로 잘라주거나 식판을 떨어뜨려서 음식을 바닥에 흘리면 뒤처리도 해야 하죠. 저도 그런 일이 많이 있었어요. 새로 입은 원피스에 학생이 국을 엎기도 했고, 학생이 바닥에 엎은 식판을 치우기도 하고요. 점심을 먹다가 속이 안 좋아 토하는 아이들도 종종 있는데 그 뒤처리를 하고 나면 밥을 먹기가 쉽지 않더라고요. 이렇게 초등교사는 학생이 등교하고부터 하교할 때까지 한 공간에서 같이 지내며 아이들의 생활을 살펴보고 지도한답니다. 이제 막 학교생활을 시작한 초등학교 1학년부터 사춘기가 시작되는 6학년에 이르기까지 다양한 아이들을 돌보며 기본 생활 습관을 잘 형성할 수 있도록 지도하죠. 주변 친구들과 더불어 사는 공동체 의식도 기를 수 있도록 지도해요.

생활 지도와 관련해 빼놓을 수 없는 부분이 바로 학생 상담입니다. 초등교사는 학급에서 아이들과 함께 지내기 때문에 학생들의 변화를 포착할 수 있어요. 학생들이 학교에서 잘 생활하고 있는지 항상 눈여겨보거든요. 특히 담임교사는 아동 학대 의심 징후가 있을 때 신고해야 할 의무가 있어요. 최근 들어 어린이가 부모의 학대나 방임으로 고통받는 사건이 많이 발생하고 있지요. 아이들 스스로 도움을 요청하기 어려울 때 역할을 해야 하는 사람이 초등교사입니다. 또 학생들 사이에 학교 폭력이 발생하는 빈도가 점차 증가하고 있는데요. 왕따, 괴롭힘 등 학교 폭력이 교실 내에 발생하지 않았는지 항상 관찰해야 합니다.

이런 부분을 놓치지 않으려면 매일 학급 일지를 작성하며 꼼꼼하게 기록하는 습관을 지니는 게 좋아요. 그리고 아동 학대나 학교 폭력 등 문제 사안이 발생할 조짐이 보인다고 느껴지면 담임교사는 적극적으로 학생과 상담하여 문제를 해결하기 위해 노력합니다. 또 학부모의 상담 요청을 받는 경우도 많죠. 궁금한 것을 질문하기 위해 담임교사에게 문자나 전화를 하는 경우부터 문제 제기를 위해 직접 학교에 찾아오는 경우까지 매우 다양해요. 이런 모든 경우에 답하는 것 또한 담임교사의 업무라고 할 수 있습니다. 물론 담임교사가 상담이 필요하다고 판단해 먼저 학부모에게 연락하는 경우도 있고요. 매학기마다 학교에서 실시하는 학부모 상담 또한 담임교사의 업무입니다.

✦ 학생 편지 ✦

편　초등교사의 업무 중에 학급 운영은 무엇인가요?

전　학급 운영이라는 말이 조금 생소하게 들릴 수도 있겠네요. 1년 동안 맡게 된 학급을 어떻게 이끌어갈지 계획하고 실행하는 것은 담임교사의 주된 업무 중 하나입니다. 교육과정 안에서 본다면 학급 특색 교육을 찾을 수 있어요. 학교, 학년, 학급마다 특색 있는 주제를 정해 실천하고 있거든요. 학교의 교육 여건과 환경, 학생들의 준비도를 반영해 자유롭게 교육과정을 구성하고 실천하는 것이죠. 국가 수준에서 구성한 초등학교 교육과정의 기반 위에 이러한 활동을 하며 보다 더 자유롭고 다양한 교육 활동을 할 수 있게 됩니다. 특히 초등학교 선생님들을 살펴보면 중점적으로 연구하는 분야가 다양하거든요. 그림책을 읽어주시는 선생님, 학급을 하나의 나라로 설정하고 세금을 부과해 경제 교육을 하시는 선생님, 글쓰기를 꾸준히 지도하고 학생들의 글을 학급문집으로 엮어주시는 선생님, 우리의 전통악기를 틈틈이 지도해 학생들만의 사물놀이 연주를 완성하시는 선생님 등 탁월한 재능과 노력으로 학생들이 다양한 경험을 할 수 있게 이끌어주는 선생님들이 많으세요. 학생들에게는 초등학교 6년 동안 여섯 가지 특색 있는 교육을 받을 수 있는 기회가 되는 거죠. 그 밖에 학교 단위에서 실천하는 학교 특색 교육과 학년 단위에서 실천하는 학년 특색 교육의 예를 표로 제시해 볼게요.

학교 특색 교육

	존중하고 배려하는 협력적 인성교육(16)	독서·토론·인문 소양 교육(15)
목적	자기 주도적인 밝고 생동감 있는 어린이를 기르기 위하여 존중하고 배려하는 협력적 인성교육 및 사고력 신장에 필요한 독서·토론·인문 소양 교육과 체험 중심 진로 교육을 통하여 세계 으뜸 교육을 구현하고자 한다.	
방침	• 1~6학년은 창의적 체험활동 자율활동에 학교 특색 교육 활동 두 가지를 편성한다. • 3~6학년은 학교 특색 교육 활동에 체험 중심 진로 교육을 편성한다. • '우리 학교 워크북'에 학교 특색 교육 활동 관련 10~16차시를 구안하고 자체 제작하여 학생들에게 배부한다. • 자기관리 리더십, 대인관계 리더십, 지구 사랑 영역과 관련한 내용을 학생 스스로 실천하도록 실시한다. • 주 1회 독서 전용 시간을 갖는다.	
선정 이유	학생과 교직원이 밝고 생동감 있는 학교 건설을 위한 학교장의 경영관을 중심으로 어린이상을 '자기 주도적인 밝고 생동감 있는 어린이'로 정하였다. 이에 따라 학부모 설문과 교사 설문, 학교 교육과정 편성위원회의 회의 결과 학교 특색 교육 활동으로 존중하고 배려하는 인성교육과 독서·토론·인문 소양 교육, 체험 중심 진로 교육으로 정하였다.	

	'친구야 놀자' 친교 및 교우관계 개선 활동	환경교육
목적	존중과 배려의 학교문화 조성을 통하여 함께하고 배려하는 어린이를 기르고자 한다.	환경을 생각하고 에너지 절약과 환경보호에 앞장서는 어린이를 기르고자 한다.
방침	• 남과 더불어 함께하는 바른 기본 생활 습관을 습득하도록 한다. • 양보하고 배려하는 덕을 실천하도록 한다. • '나'뿐만 아니라 다른 사람의 마음을 생각하고 바른 마음과 언행을 하도록 한다.	• 환경을 보호해야 하는 이유를 안다. • 환경을 보호하려는 마음을 갖는다. • 분리수거, 에너지 절약, 자연보호 등 환경을 지키는 방법을 알고 실천한다.
선정 사유	감수성이 풍부한 학생들이 서로에게 상처를 주는 말이나 행동을 하여 학교생활에 어려움을 느끼는 일이 없도록 지속적인 지도가 필요하다.	환경보호가 필요한 이유를 알고 일상생활에서 환경보호를 위한 물자 절약과 에너지 절약 및 분리수거 등 실천하는 자세가 필요하다.

그리고 교실 환경을 구성하는 것 또한 초등교사의 업무입니다. 교실이라는 공간에 학습할 때 필요한 기자재를 적절히 배치해 효율적으로 학습할 수 있도록 해야 하고요. 학급 게시판과 교실 주변을 아름답게 꾸며 학생들의 심미적 감성을 키우고 즐거운 학교생활을 할 수 있도록 돕습니다. 저는 학생들이 수업 시간에 완성한 작품 대부분을 교실 게시판에 게시해 함께 감상해요. 아이들은 자신의 작품이 걸리는 것도 좋아하지만 친구들의 작품을 함께 감상하는 것을 무척 좋아하거든요. 같은 주제를 가지고 '나는 이렇게 생각해서 만들었는데 이 친구는 이렇게 표현했구나.' 하며 느끼는 점도 많지요. 또 계절감이 나타나도록 교실 환경을 구성합니다. 예를 들어 봄 책에서 봄에 볼 수 있는 식물과 동물을 학습했다면 종이접기로 만들어보거나 예쁘게 색칠해 교실에 걸어둡니다. 여름이 되면 여름을 주제로 하는 그림책을 아이들과 함께 읽고 여름 풍경을 함께 그려 교실에 걸어두고요. 우산도 만들고, 장화도 그려봐요. 미니 책으로 만들어 여름 책에서 배운 내용을 정리해 적어보기도 하죠. 이러한 활동은 학생들의 흥미를 끌어내며 즐겁게 학습할 수 있고 교실 환경도 아름답게 꾸밀 수 있어요.

마지막으로 학교에서 이루어지는 각종 교육 활동에 참여하는 것도 담임교사로서 해야 하는 일입니다. 보통 가을이 되면 학교 단위에서 예술제를 하거나 체육대회를 하는 경우가 많아요. 십여 년 전에는 부채춤, 탈춤, 난타 등 각종 공연을 오랜 시간 준비해 선보이기도 했는데요. 연습에 많은 시간을 할애하다 보니 교육과정 운영에 어려운 점이 많아 현재는 학급이나 학년 단위에서 아이들의 꿈과 끼를 선보일 수 있는 작은 활동을 발표하는 것으로 축소된 학교가 대부분입니다. 그렇더라도 행사를 기획하고 실행하는 것은 담임교사가 해야 할 일이에요.

✦ 학생 편지 ✦

또 지금은 많은 학교에서 거의 사라졌지만 독서나 줄넘기처럼 꾸준히 노력하는 것들에 대한 인증제, 또는 교내 대회가 있을 때 참여를 독려하고 평가하는 것도 교사의 업무입니다.

🔵 마지막으로 학교 업무는 어떤 일인가요?

🔵 지금까지 초등교사의 업무 중에서 학습 지도, 생활 지도, 학급 운영에 대해 설명했는데요. 담임교사로서 해야 하는 업무 중에는 앞에서 말씀드린 것 외에 각종 행정 업무도 있습니다. 학생들의 출결, 성적 등 학교생활에 대한 기록이 담긴 생활기록부를 작성하고 관리하는 일을 해야 하거든요. 현재 생활기록부는 나이스 대국민 서비스라고도 부르는 교육행정정보 시스템NEIS: National Education Information System을 통해 통합 관리되고 있어요. 여기에서 학생에 대한 기록을 담임교사가 하게 됩니다. 또 같은 학년 안에서는 협의를 통해 함께 운영하는 교육 활동들이 많기 때문에 수시로 학년 회의를 합니다.

이러한 행정 업무가 담임교사로서 해야 할 업무라면 학교라는 조직의 구성원으로서 맡게 되는 업무들이 별도로 있어요. 보다 효율적이고 체계적인 학교 교육과정 운영을 위해 학교마다 업무를 나눠 일하는데요. 이름은 학교마다 조금씩 다르지만 보통 업무의 성격에 따라 몇 개의 부서로 나누게 됩니다. 예를 들면 교무기획부, 교육과정부, 진로안전교육부, 인성교육부, 과학정보부, 방과후교육부, 체육교육부 등이 있죠. 그리고 각 부서마다 구체적인 학교 업무가 있어 업무 담당자를 배정하게 됩니다. 이러한 업무 또한 초등교사가 해야 할 일이에요. 초등학교 업무 분장의 예를 간단하게 표로 보여드릴게요.

업무 분장

교무기획부	교무기획부장	진로안전교육부	진로안전교육부장
	차세대 NEIS 업무		녹색어머니회
	학생 자치활동		다문화 교육
	교육복지 우선 지원	인성교육부	인성교육부장
교육과정부	교육과정부장		상담
	평가 및 교원능력개발평가		학교 폭력 전담 기구 운영
	기초학력 향상	과학정보부	과학정보부장
	교사 연수 및 학습 자료실 운영		학교, 학급 홈페이지
	영어교육		과학 행사, 영재교육
	특수교육		방송 교육
	독서, 문예	체육교육부	체육교육부장
방과후교육부	방과후교육부장		PAPS 및 미세먼지
	자유수강권		컵스카우트
	예술교육		학교보건 기획
	교육 급여, PC 지원		학교 급식

그리고 이러한 학교 업무를 효과적으로 실행하기 위해 부서마다 특수부장교사를 선정해요. 또 학년마다 교육과정의 효과적인 운영을 위해 학년부장교사를 선정하고요. 학교에 따라서는 모든 교사가 학교 업무를 나누어 맡지 않고 별도로 업무전담팀을 구성해 학교 업무를 중점적으로 담당하기도 하는데요. 업무전담팀 역시 초등교사로 구성됩니다.

초등학교와 관련된
다양한 직업군을 알려주세요.

편 초등학교와 관련된 다양한 직업군을 알려주세요.

전 초등학교에 근무하는 직원을 교직원이라 통칭하는데 교원(초등교사)과 직원(교육행정직 공무원, 교육공무직원)으로 나눌 수 있어요. 먼저 초등학교에서 근무하는 교직원 중 가장 많은 비율을 차지하는 직업군은 초등교사예요. 초등교사는 교육공무원이고, 학급을 맡아 지도하는 담임교사와 특정 교과를 가르치는 교과 전담 교사가 모두 해당됩니다. 우리나라의 공립 초등학교 교사가 되기 위해서는 전국의 10개 교육대학교 및 초등교육과가 개설된 3개 대학교(한국교원대, 이화여대, 제주대)를 졸업한 후에 초등 2급 정교사 자격증을 취득하고 임용시험에 합격해야 하고요.

그밖에 국립초등학교의 교사는 공립초등학교 교사 중에서 별도로 모집하여 선발해요. 사립초등학교의 경우는 앞에서 말씀드린 자격 조건과 동일하지만 시도교육청의 임용시험이 아닌 해당 학교의 채용 절차를 통과한 교사라는 점에서 차이가 있어요. 그리고 비교과 교사인 영양교사, 상담교사, 사서교사, 보건교사가 있는데요. 이분들은 학급 담임이나 초등학교 교과목을 맡아 지도하는 초등교사와 다르게 교육대학교나 초등교육과를 졸업하지 않죠. 자신의 전공학과 졸업과 교직 이수를 하고 시도교육청의 임용시험을 통과해 채용된 교육공무원입니다. 학교에 따라서 교사가 아닌 교육공무직원이 근무하는 경우도 있어요.

다음으로 교육행정직 공무원이 있어요. 학교마다 행정실이라는 곳이 있는데요. 주로 이곳에서 근무하며 학교 행정 중 회계 업무를 담당하는 공무원입니다. 대부분 시도교육청에 소속된 지방공무원이죠. 학교가 아닌 교육청에서 근무하는 경우도 있고요. 이러한 행정직 외에 사서직, 시설관리직, 보건직, 전산직 등은 교육청에서 선발해 학교에서 근무하게 됩니다.

마지막으로 교육공무직원이 있어요. 교육공무직원은 교육공무원인 초등교사와 행정실에서 근무하는 교육행정직 공무원을 제외한 학교의 직원이라고 보면 됩니다. 예를 들면 교무 업무를 돕거나 과학실험을 돕는 교육실무사가 있고 교무행정지원사가 있어요. 초등학교마다 배치된 돌봄교실에서 아이들을 관리하는 돌봄전담사가 있고요. 학교 급식을 책임지는 영양교사 외에 급식실에 근무하는 영양사, 조리사, 조리원도 교육공무직원이에요. 또 상담교사는 비교과 교사인 반면에 Wee센터나 단위학교에서 근무하는 전문상담사는 교육공무직원이고요. 지역사회교육전문가도 마찬가지예요. 체육 수업을 돕는 초등 스포츠 강사, 영어 수업을 돕는 원어민 교사, 학교마다 개설된 방과후학교 강사, 교문에서 보안을 책임지는 학교 보안관도 있지요. 이러한 교육공무직원은 공무원이 아닌 교육청의 공개채용으로 근무하는 직원입니다.

업무 강도는 어떤가요?

편 업무 강도는 어떤가요?

전 초등교사는 타 직종에 비해 근무 시간은 짧지만 업무 강도는 센 편이에요. 특히 정신적 업무 강도가 세고, OECD 가입국 교사들의 근무 여건과 비교해 볼 때도 업무가 많은 편이에요. 조금 더 자세히 설명해 볼게요. 초등교사는 1일 여덟 시간씩 주당 40시간을 근무해요. 학교마다 다르지만 1교시를 9시에 시작한다는 전제하에 보통 8시 40분에 출근하면 여덟 시간을 근무하므로 4시 40분에 퇴근하죠. 점심시간이 근무 시간에 포함되는 이유는 앞에서 설명해 드린 대로 타 직종이나 공무원과 다르게 초등교사는 교실이나 급식실에서 아이들과 함께 식사하며 급식 지도를 하기 때문이에요. 급식 시간은 보통 40분이지만 아이들 급식을 직접 배식하거나 흘리지 않도록 지도하고, 10분 남짓 빠르게 먹은 후 다 먹은 아이들 뒷정리를 돕고 오후 수업이나 하교 지도를 준비해야 하므로 식사 시간이 매우 짧거든요. 10분조차 편히 먹지 못하고 아이들이 부르면 가서 돕거나 아이들을 눈으로 지켜보며 식사해야 하고요. 밥 먹다가 엎어진 급식판을 치우거나 토한 아이들의 토사물을 치우기도 하죠. 급식 후나 오후 3시 전후로 아이들이 하교하고 나면 함께 퇴근하는 것이 아니라 교사의 업무를 이어가야 해서 퇴근 때까지 남은 업무를 처리하느라 바빠요. 오늘 걸은 아이들 과제나 평가지 채점, 다음 수업 준비(수업 계획, 재료 및 기자재 준비, 평가 계획 수립), 교육청에서 보낸 각종 공문 처리, 학교 업무 처리, 학부모의 민원 전화 응대, 교실 뒷정리 등으로 마무리합니다.

두 번째로 초등교사는 학생과 학부모를 대면해야 해서 정신적 업무 강도가 센 편이에요. 요즘은 초등교사를 스승이나 교육자가 아니라 교육 서비스를 제공하는 국가공무원으로 보는 경우가 많은 것 같아요. 사소한 요구나 질문 전화도 자주 받고, 아이들 사이의 문제를 해결하는데 많은 에너지를 쓰거든요. 권위적인 교사는 대부분 사라지고 학생이나 학부모를 대할 때 말 한마디, 행동 하나 주의하며 친절하게 돕는 초등교사가 대부분이에요. 그런데도 교권 침해 사례는 증가하고 있어요.

마지막으로 다른 나라의 교사들과 근무 여건을 비교해 보기 위해 OECD 교육지표 2022를 살펴보면 회원국 평균에 비해 우리나라 초등교사의 수업 일수가 많다는 것을 알 수 있어요. 연간 수업 주수는 38주로 평균과 유사하지만 법정 수업 일수가 190일로 더 많아요.

기준연도	구분	연간 총 수업 주수				연간 총 법정 수업 일수				연간 교사 1인당 순 수업 시간			
		초등학교	중학교	고등학교(일반)	고등학교(직업)	초등학교	중학교	고등학교(일반)	고등학교(직업)	초등학교	중학교	고등학교(일반)	고등학교(직업)
2021년	한국	38	38	38	38	190	190	190	190	672	517	544	541
	(변화)	-	-	-	-	-	-	-	-	▼8	▲4	▲5	▲4
	OECD 평균	38	38	37	38	184	183	182	185	784	711	684	684
2020년	한국	38	38	38	38	190	190	190	190	680	513	539	537
	OECD 평균	38	38	38	38	184	184	183	186	791	723	685	691

※ 수업 주수와 수업 일수는 『초·중등교육법 시행령』 제45조 제1항에 기초하여 산출
※ 순 수업 시간은 교육통계조사에 기초하여 산출되며, 점심시간과 중간 휴식 시간, 공휴일(국경일 및 정규 방학) 등을 제외한 정규 수업, 특별활동, 재량활동 수업 시간 포함(수업 준비 활동, 생활 지도 등은 미포함)
단, OECD 기준상 초등 담임교사에 한해 쉬는 시간(10분)을 학생 지도 시간으로 간주하여 순 수업 시간에 포함
※ 국제 비교를 위해, 수업 시간은 수업 시수를 시간(60분, 1시간)으로 환산
(예: 초등학교 수업 시간={(1시간 수업 시수=40분)÷60분} → 1시간 수업 시수가 2/3시간으로 환산됨)
출처: 교육부

어떤 장비와 시설, 프로그램을 사용하나요?

편 초등교사는 어떤 장비와 시설, 프로그램을 사용하나요?

전 초등교사는 학생들이 등교할 때부터 하교할 때까지 교실에서 계속 함께 지내요. 따라서 수업에 필요한 기본 교육 시설과 기자재가 개별 학급에 준비되어 있죠. 학교마다 구비된 교수학습 기자재에 차이가 있지만 대략 아래 품목은 공통으로 마련되어 있습니다.

장소	교육 시설 및 기자재	설명
학급	교사용 책상, 의자 학생용 책걸상 학생용 사물함 책장, 학급문고	교실마다 기본적으로 구비된 물품
	TV 모니터 교사용 컴퓨터	컴퓨터로 조작하면 모니터를 통해 학생들이 볼 수 있음
	실물화상기	초등 저학년은 선생님이 직접 시범을 보이는 경우가 많음 (글씨 쓰기, 연산 과정, 종이접기, 색칠 등 미술, 각종 조작 활동)
	웹캠	코로나19로 인해 실시간 온라인 수업을 하면서 활용
전산실	학생용 태블릿 PC	초등 고학년은 실과에서 컴퓨터와 코딩 등을 배우며 활용
	학생용 데스크톱 컴퓨터	전 학년을 대상으로 컴퓨터 교육 실시
과학실	과학 기자재	과학 교과목이 있는 초3부터 사용하며, 초1~2는 관련 교과 수업을 교실에서 진행하며 과학 탐구 활동을 함

장소	교육 시설 및 기자재	설명
체육관	체육 교구	체육관에 다양한 체육 교구가 준비되어 있으며, 체육 자료실을 별도로 마련해 수업 시간에 활용함(매트, 평균대, 농구 골대, 뜀틀, 공, 여러 체육교구)
음악실	음악 자료	장구, 징, 북 등 국악기와 리듬악기, 멜로디언, 피아노 등 서양 악기 활용
도서관	도서	학교마다 도서관이 있으며 신착도서가 다양하게 구비됨. 매년 학부모와 교사가 신청하는 도서를 구입해 양질의 도서를 전교생이 함께 읽음. 수업에도 활용
	기타	무용실, 영어실, 실과 시간에 활용하는 목공실, 민속놀이 가능한 놀이공간 등
초등교사는 담당하지 않지만 학생 사용 시설		돌봄교실, 방과후학교 전용 교실, 보건실, 교육복지실, 상담실(Wee클래스) 등

✦ 학교 도서관 ✦

✦ 학교 체육관 ✦

✦ 학교 운동장 ✦

✦ 교실 앞 칠판 ✦

✦ 교사용 책상 기자재 ✦

아이들과 함께 걷는 **초등교사**

✦ 학교 복도 ✦

✦ 학교 화장실 ✦

장애를 가진 학생은 어떻게 대해야 하나요?

편 몸의 장애 또는 마음의 장애를 가진 학생은 어떻게 대해야 하나요?

전 초등학교 취학 연령의 학생 중 장애가 있는 경우에는 그 정도에 따라 특수학교나 특수학급을 선택해 취학합니다. 장애인 등에 대한 특수교육법 제2조 10항을 살펴보면 "특수교육기관이란 특수교육 대상자에게 유치원·초등학교·중학교 또는 고등학교의 과정을 교육하는 특수학교 및 특수학급을 말한다."라고 명시하고 있거든요. 특수학급은 특수교육 대상자의 통합교육을 위해 일반 학교에 설치한 학급이고요. 보통 초등학교에서는 개별학습실, 도움반 등으로 부릅니다. 국어, 수학 등 수업 시간에는 개별학습실에서 한두 시간 특수교사와 학습하고 그 외 시간에는 일반 학급에서 함께 생활하는 통합교육을 실시하지요.

특수 아동이라 하더라도 본인에게 맞는 교육을 통해 일정 부분 사회화를 이루고, 최종적으로는 독립된 사회인으로 성장해 생활할 수 있도록 이끌 수 있다는 점에서 특수 아동에게 통합교육은 필요하다고 생각해요. 동시에 일반 학급 학생들도 도움이 필요한 친구와 함께 생활하며 이해하고 배려하는 인성을 기를 수 있고요. 서로 분리하지 않고 어렸을 때부터 함께 어울리도록 이끌어 궁극적으로는 우리 사회가 장애가 있는 사람들을 품고 배려할 수 있도록 함께 노력하는 것이 필요하다고 생각합니다. 다만 실제 특수교육이 필요한 학생이 일반 학급에서 지내게 된다면 서로가 많은 부분을 양보해야 하죠. 여기에 대한 이해가 필수적으로 요구되고요. 일반 학생들이 특수학급 아동에게 왕따 등 학교 폭력을 행사하거나 반대로 특수학급 아동이 수업을 방해하고 일반 학생을 때리는 등의 피해를 주기도 하거든요. 이러한 부작용이 나타나지 않도록 철저한 준비와 지원이 필요합니다.

초등교사로서 큰 보람을 느낀 적은 언제인가요?

편 초등교사로서 큰 보람을 느낀 적은 언제인가요?

전 지금 생각해 보면 제가 가르쳤던 6학년 친구 두 명이 가장 기억에 남아요. 보통 아이들이 5학년 2학기부터 사춘기가 시작되거든요. 자아가 형성되면서 자기만의 기준이 생기고, 친구 사이에서 일어나는 다툼이나 갈등이 조금 더 복합적으로 변해요. 전에는 티격태격하다가도 돌아서면 금방 화해를 했는데, 5학년 2학기가 되면 남자아이들도 그렇고, 특히 여자아이들은 미묘한 심리전 같은 게 생기거든요. 그래서 고학년 담임을 할 때는 교우 관계를 유심히 관찰해요. 선생님들 대부분이 그러시죠.

한 아이는 제가 6학년 담임을 했을 때 저희 반이었던 여학생인데요. 반에서 여자아이들 세 명이 친했는데, 어느 순간 한 아이가 무리에 끼지 못하고, 혼자 앉아 있거나, 다른 친구들하고 이야기하면서 어울리지 못하는 모습이 보였어요. 걱정이 되어서 하교 후에 따로 상담을 했죠. 처음에는 별일 없다고 하더라고요. 아무리 담임선생님이어도 마음을 열기가 쉽지 않았어요. 그래도 신뢰가 형성되어 있으니까 나중에는 어떤 문제가 있어서 힘들다고 얘기하더라고요. 그래서 나머지 두 친구도 한 명씩 따로 불러서 물어봤어요. 아이들이 처음에는 얘기를 안 하려고 하지만, 기다려주면 다 얘기해요. 들어 보니, 작은 오해가 있었고 어떤 말 때문에 얘가 상처받았는데 다른 친구는 그걸 모르고, 그런 식이죠. 어떻게 보면 단순한데 아이들은 그럴 때 어떻게 풀고, 화해해야 하는지 모를 수 있거든요. 물론 교사가 개입하지 않고 아이들끼리 해결하는 경우도 있지만, 그 아이는 많이 힘들어했어요. 그래서 세 명을 따로따로 불러서 이야기했는데 아이들 스스로 잘못한 부분을 이야기하더라고요. 그 후에 함께 모여 화해할 수 있도록 자리를 마련해 주었더니 다행스럽게도 다음 날부터 잘 지냈어요.

그 후 몇 달이 지나 졸업할 때가 됐는데 그 친구 어머님께서 손 편지를 써서 주셨어요. 사실은 본인이 이혼하고 외동딸을 혼자 키우는데 일하다 보니까 아이를 세심히 돌봐줄 수 없었다고 하시더라고요. 아이가 내성적이긴 해도 표정은 밝았는데, 어느 순간부터 표정이 어두워지고 무슨 일 있냐고 물어보면 대답을 안 했대요. 어머니는 궁금하고 걱정이 되어서 계속 물어보았는데 어느 날 아이가 펑펑 울었다고 해요. 그런데 어떻게 해줄 수가 없어서 걱정만 하던 찰나에 선생님이 상담으로 잘 해결해 주셔서 원래의 밝은 모습을 회복하고 6학년을 잘 마무리할 수 있어 감사했다는 내용이었어요. 제가 학부모님께 짧은 메모나 편지가 아니라 장문의 손 편지를 받아본 건 그때가 처음이었던 것 같아요. 엄마가 미처 해줄 수 없었던 부분을 선생님이 대신해 주셔서 감사드린다고 하셨는데, 진심이 느껴져서 저도 감사했고, 교사로서 보람이 있었어요. 아이들이 상처를 주고받았지만, 거기에서 끝나지 않고 관계를 회복해가는 과정을 배웠다고 생각해요.

또 한 명은 6학년 남학생이었는데, 이 아이가 4학년 때 과학실에서 실험을 하다가 얼굴에 화상을 입은 거예요. 예전에는 학교에서 과학 교과서에 있는 알코올램프 실험을 하다가 화재 사고가 난 적이 많았거든요. 그 친구는 화상 부위가 컸고 성장하는 과정이라 반복해서 수술을 해야 했어요. 6학년이 되어서 처음 우리 반 아이들과 만났는데 마스크를 쓰고 있더라고요. 처음에는 이유를 몰랐는데 학부모 상담을 하면서 알게 됐죠. 원래는 밝고 에너지도 많고 외향적인 아이였는데, 사고 이후에 학교 친구들에게 얼굴 흉터를 보이는 게 싫어서 마스크를 쓰고 다니고 아직도 주기적으로 치료를 받고 있다고요. 너무 마음이 아프더라고요. 마음의 문을 닫고 소극적으로 변한 그 친구에게 변화가 일어나기를 바라는 마음으로 반 친구들과 어울릴 수 있게 분위기를 조성해 줬어요. 그 덕분에 학급 분위기가 정말 좋았던 것 같아요. 아이도 3월의 소심했던 모습과 다르게 점점 바뀌더라고요. 원래 키도 크고 운동도 잘하고 공부도 잘하고 활달한 성격에 자신감 있는 아이였는데 사고가 난 이후로 말수도 줄고 늘 마스크를 쓰고 다녔던 거예요. 그런데 점점 긍정적으로 바뀌더니 여름방학 끝나고 2학기가 되자 마스크를 벗고 등교하기 시작했어요. 그때 얼마나 놀랍고 감사하던지요. 아이 얼굴의 흉터는 그대로였지만 마음이 변화된 거죠. 졸업식에도 마스크 없이 참석했고요. 중학생이 되어서도 선생님을 만나러 찾아오곤 했답니다. 초등교사로서 근무하며 아이의 성장과 변화를 지켜볼 때 가장 큰 보람을 느낄 수 있었어요.

학생들이 제일 예쁠 때는 언제예요?

편 학생들이 제일 예쁠 때는 언제예요?

전 항상 예쁘다고 하면 믿으실까요?^^ 사실 힘들 때도 많지만 우리 반 아이들이 제일 예쁜 것도 사실이에요. 그래도 가장 예쁜 순간을 꼽으라면 선생님의 이야기에 귀를 쫑긋하고 눈을 반짝이며 잘 들을 때 제일 사랑스럽답니다.

편 조금 더 구체적으로 말씀해 주세요.

전 선생님의 여러 역할이 있지만 무엇보다 학생들을 가르치는 일이 제일 중요하다고 생각하는데요. 제가 준비한 학습 활동에 눈을 반짝이며 즐겁게 참여하는 모습을 보일 때 가장 예뻐 보이고 가르치는 저도 신이 나서 더 열정이 솟아오르는 것 같아요. 사실 며칠 동안 열심히 준비했는데 "에이, 유치해요, 시시해요, 별로예요."라고 한다면 기운이 빠지겠죠. 꼭 그렇게 말로 하지 않더라도 초점 없는 눈빛으로 관심 없다는 듯 듣고 있으면 가르치는 교사도 사람이기에 맥이 풀려요. 반대로 "우와, 재미있겠다, 얼른 해보고 싶어요, 제가 먼저 해볼래요." 하고 관심을 보이면 하나라도 더 가르쳐주고 싶죠.

그런 의미에서 몇 해 전, 5학년 담임을 했을 때 아이들이랑 정말 죽이 잘 맞았어요. 제가 뭔가를 준비하면 아이들이 저보다 더 신나서 적극적으로 참여했어요. "우리 오늘은 이런 걸 해볼 거예요." 하면 생기 넘치는 얼굴로 "우와, 신난다.", "와, 선생님, 얼른 해봐요." 하며 즐겁게 참여했거든요. 매일 수업 준비를 하는데 아이들보다 제가 더 신나서 재미있는 수업 활동을 많이 구상했던 것 같아요.

✦ 학교 뒤뜰 (벼 베기 체험) ✦

아이들은 어른처럼 어떤 관계 때문에 영혼 없는 거짓말을 하지 않아요. 재미없으면 재미없다고 하고, 유치하다고 하고, 제 눈치를 보지 않고 솔직하게 다 이야기하거든요. 그런데 아이들이 마음을 열고 제가 준비하는 것들을 정말 즐겁게 받아 들여 주니까 열심히 하지 않을 수 없더라고요. 저는 아이들이 선생님의 말씀을 경청하고, 바르게 이해하고, 선생님이 준비한 활동들을 즐겁고 적극적으로 참여할 때가 제일 예뻐요. 교사로서 행복하죠.

학생들이 미울 때는 언제예요?

편 학생들이 미울 때는 언제예요?

전 힘들 때는 많지만, 솔직히 밉지는 않아요. 사실 안타깝다는 표현이 정확한 거 같아요. 아이의 어떤 부분을 내가 도와주고 싶은데 잘 개선이 되지 않으면 안타깝다는 생각을 많이 하게 되거든요.

해가 거듭될수록 문제 행동을 보이는 학생들이 더 많아진다는 느낌이 들어요. 선생님이라는 입장을 떠나서 어른에게 해서는 안 되는 행동을 하거나, 친구나 타인에게 하면 안 되는 행동을 하는 학생들이요. 그럴 때 교사는 아이를 가르치려고 노력하는데 어렵더라도 선생님의 이야기를 수용하고 노력한다면 충분히 개선될 수 있다고 생각해요.

"선생님 말씀이 맞지만 잘 안 돼요, 원래 잘 못해요. 저는 못하겠어요."라고 얘기하더라도요. 부모님과 아이와 선생님이 함께 힘을 합쳐서 장기간 노력하면 좋은 변화가 분명히 있어요. 그런데 애초에 그런 의지가 없는 친구들도 있어요. "왜요? 내가 왜요? 어쩌라고요. 저 원래 그런데요." 이런 식으로 받아들이는 아이를 만나면 교사로서 힘들어요. 나는 이 아이를 좋은 방향으로 이끌어주고 도와주고 싶은데, 그 도움을 거부하니까요. 그럴 때는 더 많은 시간과 노력이 필요하죠. 기다리는 것도 필요하고요. 초등교사는 정말 인내가 많이 필요한 직업이에요.

그만두고 싶었던 적은 없나요?

편 그만두고 싶었던 적은 없나요?

전 네. 아직은 없었어요. 힘들 때도 많았지만 그래도 그만두고 싶다고 생각한 적은 없었죠. 그런데 주변 선생님들과 이야기를 나누어보면 저와 교직 경력이나 나이가 비슷한 동료 선생님 중에도 그만두고 싶다고 말씀하시는 분들이 꽤 많아요. 모두가 그만두기에는 아직 젊다고 이야기하지만 얼마나 힘들면 그런 생각이 들까 싶더라고요. 사정은 저마다 다르지만 학부모의 끊임없는 민원이나 교권 침해 사례로 보고해야 하는지 고민할 만큼 힘든 학생을 만난 경우에 주로 그만두고 싶다고 하시더라고요. 예를 들면 학급 안에서 아이들끼리 다투어서 서로 이해하고 화해하도록 지도했는데, 한쪽 학부모님이 학교 폭력으로 신고하고 그 과정에서 담임교사가 중립을 지키지 않았다며 학교나 교육청에 민원을 계속 제기하는 경우도 있었고요. 학급 친구들에게 지속적으로 폭언이나 폭행을 하는 학생을 지도해 보려고 담임교사가 노력하는데도 불구하고 자기 잘못을 인정하지 않고 도리어 선생님이 차별한다며 계속 문제를 제기하는 경우도 있었어요. 이런 상황을 마주하게 되면 아무리 강단 있는 선생님이라도 견디기 어렵겠죠. 그래서 이런 문제 때문에 정신적 스트레스가 심해 치료를 받는 분들도 많은 걸로 알고 있어요. 현실이 이렇다 보니 초등교사가 정년이 보장되는 직업인 것은 맞지만 사실 그 기간을 전부 채우는 선생님은 많지 않아요. 대부분 다 정년을 채우지 않고 퇴직하시거든요. 그만큼 힘들고, 힘에 부치는 일이에요.

초등교사의 처우와 복지는 어떤가요?

편 초등교사의 처우와 복지는 어떤가요?

전 초등교사의 처우와 복지를 설명하려면 먼저 급여 체계에 관해 이야기해야 할 것 같아요. 초등교사는 초등 2급 정교사 자격증을 취득하고 임용시험에 합격하면 교육공무원으로 공립초등학교에 발령받게 되는데요. 공립 초등교사의 급여는 호봉제로 되어 있어서 만 1년이 되면 호봉이 하나씩 올라갑니다.

월 급여는 본봉에 매월 여러 종류의 수당이 더해져 받는 구조예요. 휴직 중에는 호봉이 오르지 않아서 경력이 비슷하다고 해도 급여는 다를 수 있어요. 신규 발령을 받은 초임 교사는 9호봉으로 시작합니다. 공립 초등교사로 임용되기 전에 기간제 교사로 근무한 경력이 있거나 군 복무를 마친 경우에는 해당 기간에 대해 인정받아 호봉이 산정되고요. 2022년 기준으로 교육공무원 호봉에 따른 급여는 표와 같아요.

정해진 호봉에 각종 수당이 더해져 급여를 받게 되는데 여기에서 기여금과 세금 등을 제하면 실수령액은 200만 원이 채 되지 않았던 기억이 나요. 약 10년 정도의 경력이 되었을 때 세후 급여가 300만 원이 넘는 수준입니다.

유치원·초등학교·중학교·고등학교 교원 등의 봉급표 (제5조 및 별표 1 관련)

(월지급액, 단위: 원)

호봉	봉급	호봉	봉급
1	1,700,000	21	3,240,100
2	1,751,500	22	3,359,700
3	1,803,700	23	3,478,300
4	1,855,800	24	3,597,100
5	1,908,300	25	3,715,900
6	1,960,600	26	3,835,200
7	2,012,400	27	3,959,500
8	2,064,000	28	4,083,600
9	2,116,400	29	4,213,300
10	2,173,700	30	4,343,600
11	2,229,800	31	4,473,400
12	2,287,100	32	4,603,000
13	2,391,300	33	4,734,700
14	2,495,900	34	4,866,000
15	2,600,400	35	4,997,400
16	2,705,100	36	5,128,400
17	2,808,600	37	5,242,400
18	2,916,900	38	5,356,400
19	3,024,600	39	5,470,700
20	3,132,400	40	5,584,300

출처: 공무원보수규정

다른 나라의 교사 급여는 어느 정도일까 궁금해서 찾아보았어요. 'OECD 경제지표 2022'에서 비교해 보면 우리나라 초등교사 중 초임 교사의 급여는 OECD 평균보다 낮아요. 15년 차가 되었을 때 평균을 앞지르게 되고요. 최고 호봉의 경우에는 금액 차이가 크게 나는데 OECD 평균이 26년인 것에 비해 우리는 37년이 걸리죠. 하지만 현실적으로 만 62세 퇴직 연령을 채우지 못하고 중도에 퇴직하는 초등교사가 많다는 점을 생각해 보면 단순히 최고 호봉으로 비교하기는 어려운 면이 있어요.

대신 국공립 초등교사는 공무원연금공단에 매월 기여금을 납입하고 퇴직 후에 연금을 받는다는 장점이 있지요. 그런

기준 연도	구분	초등학교			중학교			고등학교		
		초임	15년차	최고 호봉	초임	15년차	최고 호봉	초임	15년차	최고 호봉
2021 년	한국 (변화)	34,123 ▲646	60,185 ▲1,082	95,780 ▲1,672	34,185 ▲646	60,247 ▲1,082	95,842 ▲1,672	34,185 ▲1,385	60,247 ▲1,821	95,842 ▲2,411
	OECD 평균	36,099	49,245	59,911	37,466	51,246	62,685	39,020	53,268	64,987
2020 년	한국	33,477	59,103	94,108	33,539	59,165	94,170	32,800	58,426	93,431
	OECD 평균	34,942	48,025	58,072	36,116	49,701	60,478	37,811	51,917	63,028

※ 연간 급여(1인 기준)=봉급+수당(정근수당 등 포함, 초과근무수당 등 추가 수당 제외)+복리후생비(명절휴가비 등)+교원연구비
※ 사적 소비에 대한 구매력평가지수(PPP): (2020년) 974.22원/$ → (2021년) 967.40원/$
※ 최고 호봉까지 일반적 소요 기간(퇴직 연령 62세 기준): 한국 37년, OECD 평균 26년

출처: 교육부

데 1996, 2001, 2010, 2015년에 계속해서 연금 개혁이 이루어져 이제는 전과 같은 장점을 기대하기 어렵게 되었어요. 중도에 퇴직하더라도 만 65세 이후에 연금을 수령할 수 있고요. 최근에 임용된 교사일수록 재직 기간 중에 기여금을 많이 내고, 퇴직 후에는 덜 받는 구조로 변화되었답니다. 지금 임용되는 교사들은 국민연금과 비슷한 수준으로 받게 될 거라고 해요.

사실 1997년 IMF 이후 교육대학교의 입학 커트라인이 크게 오르고, 뛰어난 재원들이 초등교사로 많이 유입되었어요. 그에 반해 초등교사의 급여 체계는 크게 달라지지 않았지요. 대기업 초봉과 비교하면 더욱 차이가 크지만 대신 직업의 안정성 측면에서 초등교사라는 직업이 가진 장점 또한 큽니다. 특히 여성이라면 임신과 출산으로 인한 경력 단절을 고민하지 않고 출산휴가와 육아휴직을 쓸 수 있다는 것이 큰 장점이에요. 1년 이상 휴직할 경우, 대체할 교사가 그 자리에 발령받기 때문에 직장 동료들이나 학생들에게 피해를 주지 않는다는 분위기가 형성되어 있거든요. 남교사도 육아휴직을 사용할 수 있고요. 육아휴직 외에도 신청할 수 있는 다양한 종류의 휴직이 있다는 것 역시 장점이라고 할 수 있어요. 적법한 휴직 사유가 있고 조건이 충족된다면 얼마든지 사용할 수 있습니다.

초등교사로서 특별히 노력하는 게 있을까요?

편 초등교사로서 특별히 노력하는 게 있을까요?

전 학생들과 공감대를 형성하려고 노력해요. 교육심리학에서 이를 '래포Rapport'라고 하는데요. 교사와 학생 사이에 기본적으로 공감대가 형성되어야 이후에 하는 교육 활동이 효과를 낼 수 있어요. 초등 고학년 학생들을 담임하게 되면 점점 말이 없어지는 사춘기 시기의 아이들이라 어떻게 하면 아이들과 공감대를 형성하고 대화를 끌어낼 수 있을지 많이 고민했어요. 아이들의 요즘 관심사가 무엇인지, 어떤 것들을 좋아하는지 평소에 지켜보게 되더라고요. 그러다 보니 여학생들과는 아이돌 그룹 이야기를 많이 했고요. 남학생들과는 게임 이야기를 많이 했어요. 아이들이 좋아하는 TV 프로그램 이야기도 하고요. 그렇게 가벼운 주제에 관해 이야기하다 보면 아이들이 선생님을 더 가깝게 느끼더라고요. 그러다 보면 요즘 하는 고민이나 교우관계에 대해서도 이야기를 나눌 수 있고요. 덕분에 학생들을 지도하는 데 도움이 되었어요.

　재미있는 것은 반대로 초등 저학년 학생을 담임하게 되면 선생님에게 자기 이야기를 하고 싶어 하는 아이들이 훨씬 많아요. 일단 선생님을 좋아하고요. 그래서 선생님에게 많은 이야기를 하고 싶어 해요. 지금 1학년 아이들을 지도하고 있는데 아침마다 제 얼굴을 보면 저마다 하고 싶은 말이 얼마나 많은지 몰라요. 어제 집에서 뭘 먹어서 좋았고, 이번 주말에는 이런 계획이 있고, 방금 학교 오다가 누구를 만났다고요. 별의별 이야기들을 다해요. 선생님이 알아봐 주고, 인정해 주길 바라죠. 가끔은 너무 많이 말해서 힘들기도 하지만 그런 모습들이 정말 사랑스러워요. 하고 싶은 말을 다 하고 자리로 돌아가는 아이의 얼굴에서 얼마나 뿌듯함과 기쁨이 느껴지는지 몰라요.

이렇게 아이의 이야기를 귀 기울여 들어주면서 선생님과 아이가 친밀해지게 되죠. 그런 관계가 기본이 되어야 나중에 이 아이가 잘못했을 때 훈육하면 선생님이 자신을 미워한다고 생각하지 않아요. '내가 이걸 잘못했구나, 다음엔 하지 말아야지.' 하고 아이들이 수용할 수 있죠. 만약에 선생님이 나를 미워해서 혼낸다고 생각하면 교사가 아무리 옳은 말을 해도 아이들은 다 거부할 거예요. 그래서 어렵긴 하지만 수업을 방해하는 게 아니라면 아이들이 하고 싶어 하는 말을 많이 들어주고, 반응해 주려고 노력한답니다.

초등교사의 일과가 궁금합니다.

편 초등교사의 일과가 궁금합니다.

전 매일 다르지만 가장 기본적인 일과에 대해 말씀드릴게요. 초등교사는 점심시간을 포함해 하루 여덟 시간 근무인데요. 1 교시가 9시 전후로 시작하기 때문에 학교마다 다르지만 보통 8시 40분 정도에 출근해 4시 40분에 퇴근합니다. 간단하게 예를 들어볼게요.

시간	업무
8:40	출근, 교실 환기, 등교 지도, 열 체크, 손 소독, 아침 활동 지도
9:00	1교시 수업 시작 및 오전 수업, 우유 급식 지도(1교시 후 쉬는 시간)
12:40	점심 급식 지도, 급식 뒷정리
13:20	1~2학년 하교 지도 또는 5교시 수업, 3~6학년 5~6교시 수업
14:40~16:40	3~6학년 하교 지도, 교실 청소 다음 수업 준비, 수업 도구 및 재료 준비, 학교 업무 동 학년 회의, 학년 업무 전 교직원 회의 교실 문단속, 퇴근

존경하는 인물이 있나요?

(편) 존경하는 인물이 있나요?

(전) 헬렌 켈러의 가정 교사로 유명한 설리번 선생님과 소파 방정환 선생님을 존경해요. 설리번 선생님은 고아 출신으로 자신도 눈병 때문에 시력이 나빴어요. 스물한 살 때 일곱 살이던 헬렌 켈러를 가르치기 시작해 죽기 전까지 약 50년 동안 지도했죠. 학생을 향한 인내와 기다림으로 학생이 자립하도록 돕는 인생의 멘토를 상징하는 인물이에요. 특수교육을 공부하는 사람뿐 아니라 학생을 지도하는 모든 사람에게 큰 울림을 준다고 생각해요.

소파 방정환 선생님은 우리나라의 독립운동가이자 어린이 인권 운동을 하신 분이에요. '색동회'를 조직해 어린이의 인권을 주장했고, 우리나라에서 처음으로 '어린이'라는 용어와 어린이날을 만들었어요. 그래서 초등학생들이 제일 좋아하는 위인이기도 하죠.^^ 어린이에게 존댓말을 쓰자는 사회적 캠페인도 펼쳤고요. 어린이를 위한 월간 잡지 〈어린이〉를 창간했는데 큰 인기가 있었다고 해요. 아동문학의 발전에도 공헌했답니다. 어린이를 어른이 되지 못한 미완성한 존재로 보는 것이

당연하던 시대에 마땅히 존중받아야 할 인격체로 바라보고 사회적 인식을 바꾸기 위해 노력하셨던 것을 보면 얼마나 어린이를 사랑했는지 잘 알 수 있어요. 그 마음은 직접 지은 〈어린이 찬미〉에도 잘 나타나 있지요. 어린이와 함께하는 초등교사들이라면 가까이 두고 자주 보아야 할 글귀랍니다.

"기쁨으로 살고, 기쁨으로 놀고 기쁨으로 커간다. 뻗어나가는 힘! 뛰노는 생명의 힘! 그것이 어린이다. 온 인류의 진화와 향상도 여기에 있는 것이다. 어린이들의 기쁨을 찾아주어야 한다. 어린이들의 기쁨을 찾아주어야 한다. 어린이는 복되다. 어린이는 복되다. 한이 없는 복을 가진 어린이를 찬미하는 동시에 나는 어린이 나라에 가깝게 있을 수 있는 것을 얼마든지 감사한다."
– 〈신여성〉 4호, 1924. 6.
출처: 한국방정환재단

직업병은 무엇인가요?

🔵 직업병은 무엇인가요?

🔴 우선 교사는 목을 많이 사용하는 직업이어서 항상 목이 잠기거나 불편한 느낌이 있어요. 피곤할 때 인후염도 자주 생기고 성대결절이 되기도 하고요. 학생이나 학부모처럼 사람을 대면하는 일이 많은 직업이다 보니 최근에는 스트레스로 인해 건강을 해치는 경우가 많은 것 같아요. 학부모님의 민원을 자주 받게 되면 더 직접적으로 영향을 받고요. 학생들과의 관계에서도 영향을 받아요. 아이들은 사회성이 발달해가는 과정에 있어서 아직 미숙한 부분이 많죠. 게다가 예전처럼 권위적인 선생님들보다 아이들을 편안하게 대하는 분들이 많으니까, 아이들이 자기의 감정을 숨기지 않고 그대로 표현하기도 해요. 화가 나거나 짜증이 나면 선생님에게 공격적으로 표출하는 경우도 많고요. 교사의 권위가 무너진 느낌을 받으면 심적인 타격이 큰 것 같아요. 그런 부분들이 쌓이면 스트레스가 되는 거겠죠.

그리고 저는 정리하는 습관이 있어요. 줄 맞추기도 잘하고요. 저만 그런 줄 알았는데, 얘기해 보니까 선생님들은 거의 그렇더라고요. 책상 줄이나, 책꽂이의 책들, 물건들을 줄 맞춰서 정리해요. 물론 아이들 스스로 정리하게끔 하지만, 기본적인 교실 정리는 담임교사가 하거든요. 사실 그럴 수밖에 없는 이유가 한정된 공간에 아이들이 많다 보니까 교실 공간이 충분하지 않거든요. 어떤 친구들은 친구들이 지나다니는 복도까지 다리를 내놓고 있기도 해요. 자세가 바르지 않은 친구들은 자기 의자에서 떨어지기도 하고요. 그 친구 발에 걸려서 다른 아이가 넘어지면 바로 안전사고가 되거든요. 그런 것들을 계속 지도하다 보니 약간 직업병처럼 줄이 잘 맞는지 보게 되더라고요.

또 나도 모르게 맞춤법에 신경 썼어요. 그렇다고 맞춤법을 전부 정확하게 아는 건 아니지만, 잘못 쓰고 있는 말들을 보면 고쳐주고 싶죠. 그리고 지나치게 친절하게 설명하는 경향도 있는 것 같아요. 제가 초등학생 딸 하나, 아들 하나가 있는데요. 너무 세세하게 이야기하니까 설명이 길어지더라고요.^^

이것도 직업병이라고 할 수 있는 게 만약 1학년 교실에서 "사물함에 가서 크레파스 가져오세요."라고 하면 난리가 날 거예요. 자기 사물함만 보고 우르르 달려갈 테니까요. 서로 사물함 문을 열다 보면 머리를 부딪히는 아이들도 있을 거고, 발에 걸려 넘어질 수도 있고요. 그러다 싸우기도 하면서 정말 아수

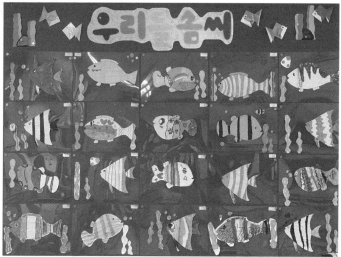

✦ 수업 활동 후 학생 작품 ✦

아이들과 함께 걷는 **초등교사**

라장이 되죠. 그래서 초등학교 선생님들은 친절하게 순서대로 설명할 수밖에 없어요. "이제 색칠을 할 건데 먼저 사물함에 가서 크레파스를 가져올 거예요. 한 번에 모두 가지 않고 선생님이 모둠 이름을 부르면 순서대로 갑니다. 1 모둠부터 다녀오세요. (아이들이 돌아와 앉는 것을 보고) 2 모둠 가세요." 이런 식으로 말이죠. 그리고 활동하면서도 중간에 계속 확인하지 않으면 절반은 계속 모르겠다고 하거든요. 그래서 계속 묻고 설명하게 돼요.

🔵편 그래도 선생님과 가까운 사람들은 실수를 많이 줄일 수 있을 것 같아요.^^

스트레스는 어떻게 해소하시나요?

편 스트레스는 어떻게 해소하시나요?

전 음, 전 여행도 좋아하고 사진 찍는 걸 좋아해요. 사진 잘 찍는다는 이야기도 주변에서 많이 듣고요. 평소에 찍은 사진은 SNS에 편집해서 올리거나 잘 정리해서 모아두어요. 책 읽는 것도 좋아하고, 음악 듣는 것도 좋아하고요. 음악을 틀어놓고 책을 읽거나 집안일을 하죠. 읽는 것을 좋아해서인지 쓰는 취미도 있어서 SNS 같은 곳에 짧게라도 글을 써요. 어쩌다 보니 여행하며 사진 찍고 글을 쓰는 저의 취미가 책으로도 출간되었네요.

사실 기록하는 건 학창 시절부터 습관이었어요. 학교 다닐 때도 일기와 다이어리를 열심히 쓰는 편이었거든요. 아이들이 생긴 후로는 매체를 옮겨서 블로그에 매일 일기를 썼어요. 제가 브라질에서 생활한 적이 있는데, 정말 매력적인 나라더라고요. 먹는 과일부터 풍경까지 여기와 정말 다르고, 포르투갈의 식민 지배를 받았던 시기가 있어서 유럽과 남미의 문화가 섞인 독특한 나라예요. 신기한 것들이 많은데, 아이들이 나중에 기억하지 못할 것 같아 안타까워서 직접 찍은 사진, 제가 조사한 것들을 블로그에 4년 동안 기록했죠. 시간을 이기는 것은 아무

것도 없다는 말이 맞는 것 같아요. 정말 방대한 자료가 돼서 책으로 출간되었고, 브라질에 가는 분들이 많이 읽어보셨어요.

교사로서의 삶도 마찬가지예요. 저는 매일 학급 일지를 써요. 오늘 누가 왜 싸웠고, 아이들이 서로 어떻게 했고, 교사로서 어떻게 대응했는지 기록해요. 교사로서 제 삶의 결과이기도 하고, 만약 학교 폭력이나 교권 침해 사안이 발생하게 되면 증거가 되기도 하고요. 일단 꼼꼼히 기록하는 습관은 좋더라고요. 스트레스 해소법과 취미에 관해 이야기했는데 이것도 결국 교직과 연결되네요.^^

✦ 동반 휴직으로 브라질 거주 중 남미 여행 ✦

교사는 겸직이 금지되어 있죠?

편 교사는 겸직이 금지되어 있죠? 이직도 하나요?

전 기본적으로 겸직은 금지되어 있지만 학교장의 허가가 있으면 가능해요. 단, 모든 직업이 가능하지는 않고, 초등교사의 본분을 해치지 않는 선에서 가능하죠. 예를 들어 박사학위를 받고 시간 강사로 출강하시는 현직 선생님들도 계시고요. 요즘 초등학교 선생님 중에 석사학위, 박사학위를 가지고 계신 분들이 워낙 많으니까요. 책을 쓰는 분들도 많고, EBS 방송 강사로 활동하는 분들도 있고요. 자기의 전공이나 초등교사라는 경험이 바탕이 되어서 다른 활동들로 이어지는 거죠. 이렇게 병행하는 경우는 종종 있지만, 완전히 직종을 바꾸어 이직하는 경우는 다른 직업에 비해 많지 않아요. 대신 공립초등학교 교사는 5년에 한 번씩 근무 학교를 이동해요. 지역도 바뀌고 아이들도 바뀌죠. 그런 면에서는 조금씩 변화가 계속 있어요.

이 직업을 묘사한 작품을 추천해 주세요.

편 초등교사를 잘 묘사한 영화나 소설 등의 작품을 추천해 주세요.

전 제가 인상 깊게 읽었던 책과 영화 몇 편을 추천해 드리고 싶어요. 먼저 구로야나기 테츠코가 쓴 〈창가의 토토〉라는 에세이를 추천해요. 사실 책을 다 읽기 전에는 소설이라고 생각하고 읽었어요. 그런데 이 이야기가 작가의 자전적 에세이라니! 직접 읽어보면 제가 왜 놀라는지 이해할 수 있을 거예요.

주인공인 토토는 초등학교 1학년이에요. 하지만 다니던 학교에 더 이상 다닐 수 없게 되지요. 수업 시간에 뚜껑을 위로 올리는 책상 서랍을 계속 열었다 닫았다 하며 수업을 방해하고, 창가에 서서 지나가는 친동야 아저씨를 불러 악기 연주를 해보라며 큰 소리로 불렀거든요. 퇴학당한 토토는 엄마의 손에 이끌려 도모에 학원이라는 새 학교에 가게 돼요. 아마도 지금의 대안학교와 비슷한 곳 같아요. 교실이 전철 칸으로 되어 있는 도모에 학원은 특별한 곳이죠. 오전에는 내가 하고 싶은 공부를 스스로 계획해서 하고, 오후에는 산책을 하거든요. 점심 도시락은 산에서 나는 것과 바다에서 나는 것을 싸 오라고

하죠. 운동장에서 텐트를 치고 잠이 들고, 수영장에서 알몸으로 수영을 해요. 소아마비가 있는 친구도, 토토처럼 주의가 산만한 친구도 도모에 학원에서는 더 이상 이상한 아이가 아니에요. 남과 다른 것을 이상하니 고치라고 가르치지 않고 그대로 인정하고 자유롭게 배울 수 있게 하는 도모에 학원과 처음만난 토토의 이야기를 무려 네 시간이나 들어주는 고바야시 소사쿠 교장 선생님의 이야기는 초등교사를 꿈꾸는 사람이라면 꼭 한 번 읽어봤으면 좋겠어요.

> "아이들에 대한 교장 선생님의 애정이나 교육에 대한 열정은, 지금 학교를 휩싸고 있는 저 불길보다도 훨씬 더 강했고 뜨거웠던 것이다. 그리고 선생님은 여전히 건강했다." -p.274

두 번째로 소개할 책은 하이타니 겐지로의 장편소설 〈나는 선생님이 좋아요〉입니다. 교사가 된 지 2년째인 고다니 선생님은 주변에 쓰레기 처리장이 있는 히메마쓰초 1학년 담임 선생님이에요. 그 반에 있는 데쓰조라는 아이는 쓰레기 처리장에 살며 집에서 파리를 키우는 게 취미랍니다. 말도 하지 않고 글씨도 모르는 데쓰조가 어느 날 개미 관찰 시간에 후미지라는 친구를 때려요. 알고 보니 데쓰조가 파리를 모으던 아끼는 병을 개구리 먹이를 잡으러 친구들과 처리장 주변에 갔던 후미지가 훔쳤던 것이죠. 그 일을 계기로 고다니 선생님은 데쓰조가 파리에 대해서는 척척박사라는 것을 알게 돼요. 데쓰조는 학교에서 지저분하고 못사는 동네라 여겨지는 쓰레기 처리장에 살고, 말도 잘하지 못하지만 고다니 선생님은 점점 더 마음을 열고 데쓰조와 아이들을 진심으로 지도하죠. 특수학교로 전학을 가게 될 미나코까지 맡기도 하고요. 데쓰조의 바쿠 할아버지와 멋진 아다치 선생님의 말 등 소설 곳곳에 가슴을 울리는 이야기들이 담겨 있어요. 초등교사라면 어떻게 아이들을 진심으로 대하고 편견 없이 정성으로 가르쳐야 하는지 한번 더 생각해 보게 한답니다.

"불쌍한 아이니까 귀여워해 달라는 마음은 없습니다. 하지만 이 아이도 사람의 자식이니까 사람 친구가 있었으면 싶은 거예요. 데쓰조는 어엿한 사람의 자식입니다." -p.58

"내가 하고 싶은 말은, 위생 교육이라는 허울 좋은 말로 아이들의 마음을 짓밟고 있지 않은지 선생님들 각자가 스스로 물어보라는 말입니다." -p.64

"나는 가만히 보았다. 그러고 나서 상자 속까지 가만히 보았다. 빨간 놈이 나왔다. 나는 코가 찡했다. 사이다 마신 것 같다. 나는 가슴이 찡했다. 나는 빨간 놈이 좋아. 고다니 선생님이 좋아."
–p.278

    세 번째로 소개하고 싶은 책은 황선미 작가가 쓴 동화 〈나쁜 어린이 표〉랍니다. 초등학교 3학년인 건우네 반에는 착한 어린이 표와 나쁜 어린이 표가 있어요. 착한 일을 하면 착한 어린이 표를 받지만, 선생님이 보기에 나쁜 일을 하면 나쁜 어린이 표를 받죠. 지각해도, 숙제를 해오지 않아도, 복도에서 뛰어도 말이에요. 건우는 나쁜 어린이 표를 많이 받았지만 일부러 그런 것은 아니었어요. 하지만 선생님은 그 마음을 몰라주었죠. 감기에 걸려 체육수업에 빠지게 된 어느 날, 건우는 선생님 자리에 나쁜 어린이 표가 잔뜩 있는 것을 발견해요. 이 많은 걸 다 받을 생각을 하니 깜짝 놀라 화장실에 버리고 말죠. 건우는 어떻게 되었을까요? 뒷부분이 궁금하죠? 초등학교 3학년 아이의 심리 묘사와 실감 나는 학교의 모습도 재미있지만 선생님의 시각으로 읽어도 생각할 거리가 많은 이야기랍니다. 내가 했던 말과 행동 중에 아이들에게 상처를 준 것은 없었는지 돌아보게 되고요. 아이들의 마음을 헤아리며 잘 지도하는 선생님이 되려면 어떻게 해야 할지 많은 생각을 하게 해주는 동화랍니다.

"나쁜 선생님 표 하나!

고자질한 애한테도 나쁜 어린이 표를 줘야지요.

나쁜 선생님 표 둘!

싸움은 지연이가 먼저 시작했어요.

나쁜 선생님 표 셋!

저도 발표 좀 시켜주세요.

나쁜 선생님 표 넷!

창기는 떠든 게 아니라 수학 문제를 물었을 뿐이에요."-p.29

마지막으로 초등교사를 묘사한 것은 아니지만 교사를 꿈꾸는 사람이라면 꼭 보면 좋을 영화 두 편을 소개합니다. 〈굿윌 헌팅〉과 〈죽은 시인의 사회〉예요. 진정한 스승과 교육이란 무엇인지 많은 생각을 던져주는 작품이죠. 지금까지 추천해드린 책과 영화를 보고 내가 생각하는 바람직한 교사의 모습은 무엇일까 정리해 보면 좋겠어요.

초등교사가
되는 방법

초등교사가 되는 방법을 알려주세요.

편 초등교사가 되는 방법을 알려주세요.

전 초등교사가 되기 위해서는 대학교 진학에서부터 졸업과 임용시험이라는 과정을 거쳐야 해요. 순서대로 정리해 볼게요.

먼저 초등교사 양성이라는 특수 목적으로 설립된 전국의 교육대학교 또는 초등교육과가 개설된 종합대학교에 진학해야 합니다. 전국적으로 10개의 교육대학교가 있고, 초등교육과가 개설된 3개의 종합대학교가 있어요.

교육대학교 (10개교)		서울, 경인, 공주, 광주, 대구, 부산, 전주, 진주, 청주, 춘천교육대학교
초등교육과 개설 학교	국립대학교 (2개교)	한국교원대학교, 제주대학교
	사립대학교 (1개교)	이화여자대학교

앞에서 언급한 학교에 진학해서 졸업하게 되면 초등 2급 정교사 자격을 취득할 수 있어요. 비로소 각 시도교육청 또는 사립학교의 초등교사 선발 시험에 응시할 자격이 주어지는 것이죠. 예를 들어 2023학년도 서울특별시교육청 공립 초등학교 교사 임용후보자 선정경쟁시험 시행계획 공고를 살펴보면 응시 자격에 '초등학교 준교사 이상의 자격증 소지자 또는 2023년 2월 말 이내 취득 예정자'라고 되어 있어요. 초등학교 준교사 자격 기준은 '① 초등학교 준교사 자격검정 합격자 ② 임시 교원양성기관 수료자 ③ 방송통신대학 초등교육과 졸업자'로 되어 있지만 현재 시행하지 않는 방법들이에요. 임용시험 응시 연령 제한이 사라졌기 때문에 과거에 취득했다면 응시할 수 있겠지만 현재는 교육대학교나 3개 대학 초등교육과를 졸업하고 초등학교 정교사 자격증을 취득해야 시험 볼 자격이 주어지는 것이죠. 만약 임용시험에 떨어졌더라도 초등 2급 정교사 자격증을 가지고 있으면 초등학교에서 기간제 교사로 근무할 수 있어요. 다음 학년도 시험을 준비하며 기간제 교사로 근무하는 경우가 꽤 있답니다. 그리고 임용시험에 합격해 초등교사로 근속연수 3년이 지나면 일정 기간 연수를 받고 초등 1급 정교사 자격증을 취득할 수 있어요. 연차별로 차례가 돌아오기 때문에 지역에 따라서는 근무한 지 5년이 지나서 연수를 받게 되기도 해요.

임용시험은 공립초등학교와 사립초등학교가 별도로 치러져요. 공립초등학교의 교사로 근무하기를 희망한다면 국가에서 주관하는 초등교사 임용시험에 합격해야 합니다. 각 시도교육청에서 모집 공고를 내면 원서 접수 기간에 지역을 선택해 접수하고 전국적으로 같은 날에 시험을 치르죠. 시험 문항은 한국교육과정평가원 주관으로 출제되어 전 지역 동일한 평가지로 시험을 보고요. 지역별로 필요한 초등교사의 수가 다르고 응시생 또한 다르기 때문에 경쟁률에는 차이가 있어요. 초등교사를 선발하는 지역은 전국 17개 시도교육청입니다. 만약 사립초등학교에 근무하기를 원한다면 개별 학교 단위로 모집해 임용시험을 치르기 때문에 해당 학교의 모집 공고를 확인하면 됩니다.

시 교육청	서울, 인천, 광주, 대구, 대전, 세종, 부산, 울산
도 교육청	경기, 강원, 경남, 경북, 전남, 전북, 충남, 충북, 제주

이러한 절차를 거쳐 임용시험에 합격하면 발령 전에 신규 임용 예정 교사를 대상으로 하는 연수가 시도교육청별로 진행됩니다. 보통 1~2월에 이루어지고요. 그 후 주소지를 고려해

지역교육청과 학교가 정해지고 3월 1일 자로 발령받아 근무를 시작해요. 예를 들어 서울특별시교육청의 경우에는 본청 아래에 11개의 지역교육지원청이 나누어져 있어요.

지역교육지원청	관할 지역
서울특별시강남서초교육지원청	강남구, 서초구
서울특별시강동송파교육지원청	강동구, 송파구
서울특별시강서양천교육지원청	강서구, 양천구
서울특별시남부교육지원청	영등포구, 구로구, 금천구
서울특별시동부교육지원청	동대문구, 중랑구
서울특별시동작관악교육지원청	동작구, 관악구
서울특별시북부교육지원청	도봉구, 노원구
서울특별시서부교육지원청	서대문구, 마포구, 은평구
서울특별시성동광진교육지원청	성동구, 광진구
서울특별시성북강북교육지원청	성북구, 강북구
서울특별시중부교육지원청	종로구, 중구, 용산구

각 지역교육지원청마다 경합인 지역과 비 경합인 지역이 있죠. 게다가 신규 교사는 기존 교사들의 전근 이후에 발령이 나기 때문에 자기 거주지가 속한 지역의 교육지원청으로 반드

시 발령이 나지는 않지만 최대한 가까운 지역으로 나는 편입니다. 서울과 같은 시 교육청이 아닌 도 교육청인 경우에는 지역에 따라 특, 갑, 을, 병으로 지역 점수가 배정되어 있는데요. 선호도가 높은 도시는 특 지역, 반대로 도서 벽지는 병 지역이에요. 도서 벽지인 경우에는 경력 교사들의 승진에 반영되는 가산점이 있어서 신규 교사가 배치되는 경우는 많지 않다고 해요.

이렇게 자신이 소속하게 될 지역교육지원청과 근무할 초등학교가 결정되면 교육청을 통해 2월에 결과를 들을 수 있어요. 교육청에서 발령장을 받고 직접 초등학교에 가보게 됩니다. 3월 첫 출근 전에 학교에 대한 안내를 받고 근무하게 될 교실, 담임으로 만나게 될 학생들에 대해서도 알게 되지요. 두근거리는 마음으로 아이들과의 첫 만남을 준비했던 기억이 생생하네요.

잘해야 하는 과목이나 분야가 있나요?

(편) 학창 시절에 잘해야 하는 과목이나 분야가 있나요?

(전) 방금 말씀드렸지만, 초등교사 임용시험에 응시할 수 있는 초등 2급 정교사 자격을 얻으려면 교육대학교나 초등교육과가 개설된 3개 대학교를 졸업해야 해요. 방법은 사실 단순해요. 그렇다 보니 이들 학교에 입학하기가 상당히 어렵지요. 그래서 어떤 과목이나 분야를 잘하는 것보다 일단 입학하는 것이 중요해요. 그런데 막상 교육대학교나 초등교육과에 입학했더라도 전 교과목을 가르쳐야 하는 초등교사가 되어야 하니 전 과목을 다 잘해야 한다는 부담을 느낄 수도 있을 것 같아요. 하지만 '잘하는 것'과 '잘하도록 잘 가르치는 것'은 다른 문제죠. 그것에 대한 이론과 방법을 두루 배우는 곳이 바로 교대입니다.

전 교과를 초등학생들에게 가르쳐야 하므로 교대에서는 전 과목을 배우고 익혀요. 서예도 하고, 바느질도 하고, 노래를 부르며 피아노도 쳐야 해요. 그 후에는 본격적으로 각 교과에 대한 교육론을 배우게 됩니다. 국어교육론, 수학교육론, 체육교육론 등 전 교과의 학문적 기초를 모두 배우죠. 탄탄하게 이론을 습득한 후에는 다양한 교수법을 배우고 직접 수업 실연을 해요. 여러 교수학습이론을 적용해 수업지도안도 짜보고, 교수님과 동기들 앞에서 수업 발표를 하는 거죠. 물론 이 모든 과정을 평가받게 되고요. 이러한 교육과정을 4년 동안 소화하면 내가 어떤 분야를 잘하느냐 못하느냐는 중요하지 않게 되는 것 같아요. 오히려 어떻게 더 잘 가르칠 수 있느냐가 중요하게 되지요. 내가 아무리 그림을 잘 그리고 색채감이 뛰어나더라도 학생들에게 잘 전달하고 가르칠 수 없다면 좋은 수업을 했다고 말할 수 없을 테니까요. 그래서 국어, 수학, 과학뿐 아니라 음악, 미술, 체육 등 전 과목을 다 잘해야 한다는 부담감은 조금 내려놓아도 좋습니다.

교대가 다른 대학과 다른 점은 무엇일까요?

편 교대가 다른 대학교와 다른 점은 무엇일까요?

전 교대생들은 농담으로 교대가 아니라 고등학교라고 얘기해요. 일반 대학교와 달리 시간표가 정해져서 나오거든요. 교대의 특이한 점이죠. 보통의 대학생들은 자기들이 수강 신청을 해서 필요한 과목을 선택해 수강할 수 있는데, 저희는 교사가 되기 위해서 이수해야 하는 과목과 학점이 정해져 있어요. 그래서 학교에서 이미 시간표가 정해져서 나오고, 극히 일부 선택과목들만 수강 신청을 해요. 제가 교대에 입학하고 1학년 1학기 시간표를 처음 확인하는데 거의 매일 1~2교시와 7~8교시 수업이 있더라고요. 하루의 첫 시간과 끝 시간에 전부 수업이 있는 거죠. 도대체 누가 짰을까 하는 원망이 들더라니까요.^^ 덕분에 대학교 첫 학기부터 일찍 등교하고 마지막까지 수업 들으며 열심히 지냈던 것 같아요. 이렇게 교과목과 학점이 빈틈없이 정해져 있다는 것만 보더라도 초등교사를 양성하기 위해 설립되었다는 교대의 목적이 명확하게 드러난다고 생각해요.

같은 맥락에서 교생 실습이 있다는 것도 교대의 특별한 점이라고 할 수 있겠네요. 교대 커리큘럼 중에는 실제 초등학교에서 교생으로 교육받는 과정이 있어요. 처음에는 1~2주 정도 참관 실습을 하고, 3~4학년이 되면 길게는 한 달 동안 초등학교에서 직접 수업을 해요. 교수·학습지도안을 스스로 만들며 수업을 구상하고 교수님이나 동기들 앞에서 발표하는 수업은 교대에서도 많이 하지만 직접 초등학생을 만나 어린이를 대상으로 수업을 하는 건 아주 다르거든요. 아이들의 짧은 집중 시간도 고려해야 하고, 매끄럽게 수업을 진행하는 노련함도 필요하죠. 교대 입학 전에는 어린이들을 가까이 만나고 소통해본 경험이 별로 없었던 학생들도 교생 실습을 통해 초등교사라는 길에 한 걸음 더 나아갈 수 있어요.

또 하나 특이한 점은 교대 4년 동안의 학점이 전부 상대평가로 결정되어 매 학기 석차가 나오고, 그 성적이 졸업 후 임용시험을 볼 때 반영된다는 것이에요. 그래서 더 고등학교처럼 느껴졌던 것 같아요. 공부를 잘하는 아이들이 교대에 모였는데 거기에서 또 상대평가로 학기마다 점수와 석차가 나오고, 심지어 그 결과가 교사 임용에까지 영향을 준다고 하니 학교를 허투루 다닐 수가 없어요. 물론 요즘 대학생들도 취업난이 심각해 첫 학기부터 열심히 공부하지만요. 교대 안에서의 경쟁도 정말 치열해요.

편 학창 시절 동안 공부를 열심히 그리고 잘한 사람들만 교대에 진학하는 건데, 선생님이 되고 나서 공부를 못하는 학생들을 이해하기가 어렵지는 않은가요?

전 선생님 중에는 초등학교 때부터 모범생으로 계속 잘하다가 교대로 온 분도 있지만, 당연히 그렇지 않은 분도 있죠. 그건 개인마다 다를 것 같아요. 그리고 신규 교사일 때는 학습 부진을 경험하는 아이들에 대한 이해가 깊지 않을 수 있지만 어느 정도 경력이 쌓이고 여러 아이를 만나면 교사로서 아이들을 파악하고 이해하는 눈이 생기는 것 같아요. 지도하는 요령이나 효과적인 교수법도 더 계발되고요. 또 교사 자신도 엄마가 되고 나면 그런 학생들의 학부모님과도 소통하기가 더 수월해지는 면이 있어요.

채용정보나 기출문제 등은 어디에서 확인하나요?

⊞ 채용정보나 기출문제 등은 어디에서 확인하나요?

㉣ 각 시도교육청에서 초등교사 임용후보자 선정경쟁시험 시행 공고를 지정된 날짜에 발표해요. 교육청 홈페이지를 통해 확인할 수 있어요. 그리고 임용시험 문제는 한국교육과정평가원의 주관으로 출제하는데요. 전국 시도교육청 모집 단위마다 같은 날에 동일한 시험 문제로 응시합니다. 다만 지역별로 모집 인원과 경쟁률이 다르기 때문에 합격선은 다를 수 있어요. 초등교사 임용시험 기출문제는 한국교육과정평가원 홈페이지에서 다운로드할 수 있어요.

아래는 임용시험에 대한 이해를 돕기 위해 한국교육과정평가원 홈페이지에서 찾은 내용이에요.

◆ **시험명**
공립 유치원·초등학교·특수학교(유치원·초등)교사 임용후보자 선정
경쟁시험
◆ **출제 방향**
공정하고 객관적이며 신뢰성 있는 출제 및 채점 과정을 통해 초등학교(유치원, 특수학교) 교사로서 전문적인 능력을 갖추었는지를 평가할 수 있는 문항을 출제함.

◆ 근거 법령

교육공무원법(개정 2020.1.29.) 및 교육공무원임용령(개정 2020.7.21.), 교육공무원 임용후보자 선정경쟁시험 규칙(개정 2019.9.17.)

◆ 시험관리기관

- 시도교육청: 시행 공고, 원서 교부·접수, 문·답지 운송, 시험 실시, 합격자 발표
- 한국교육과정평가원: 1차 시험 출제 및 채점, 2차 시험 출제

※ 일부 시도교육청은 2차 시험을 자체적으로 출제하므로 반드시 공고문 확인 요망

◆ 시험 일정

각 시도교육청 홈페이지의 공고문 참조

◆ 시험과목, 배점 및 시간

	시험과목	배점	문항 수	시간(분)	비고
1차	교직 논술	20	1	60	논술형
	교육과정	80	22문항 내외	140	기입형, 서술형
	한국사	한국사능력 검정시험으로 대체			
2차	교직 적성 심층 면접	2차 시험에 대한 과목별 배점, 문항 수, 시간, 출제 범위 등 세부 사항은 각 시도교육청 시험 시행 공고문 참조			1차 시험 합격자 만 응시
	교수·학습 과정안 작성				
	수업 실연				
	영어 면접 및 영어 수업 실연				

출처: 한국교육과정평가원

한국교육과정평가원 홈페이지에 초등교사 임용시험에 대해 잘 나와 있지만 2차 시험은 시도교육청마다 차이가 있으니 지원하려는 지역의 교육청 홈페이지에서 꼭 공고를 확인해야 합니다. 임용시험 일정과 합격을 결정하는 데 영향을 주는 항목들이 무엇인지 조금 더 구체적으로 이해할 수 있도록 2023학년도 서울특별시교육청 공립초등학교 임용후보자 선정경쟁시험 시행 공고를 찾아보았어요. 그중 일부를 발췌해 보여드립니다.

◆ 선발 예정 분야 및 인원

구분	유치원 교사	초등학교 교사	특수학교 교사		합계
			유치원	초등	
일반	9	107	9	29	154
장애인	1	8	1	2	12
합계	10	115	10	31	166

◆ 응시 자격
초등학교 준교사 이상의 자격증 소지자 또는 2023년 2월 말 이내 취득 예정자

◆ 응시 연령
제한 없음. 단, '교육공무원법' 제47조(정년)에 해당하지 않는 자

◆ 시험 일정 및 장소(일반 응시자 외 장애인 규정 별도)

구분	일자	시험과목		시험시간	시험장소	대상
1차	2022. 11.12 (토)	교직 논술		09:00~10:00 (60분)	2022.11.5.(금) 홈페이지 안내	선발 예정 분야별 응시자
		교육과정	A	10:40~11:50 (70분)		
			B	12:30~13:40 (70분)		
		한국사		한국사능력검정시험으로 대체(3급 이상 취득)		
2차	2023. 1.4 (수)	교수·학습과정안 작성		제1차 시험 합격자 발표 시 안내 홈페이지 안내		선발 예정 분야별 제1차 시험 합격자
		교직 적성 심층 면접				
	2023. 1.5 (목)	수업 실연				
		영어 수업 실연 및 영어 면접				초등학교 교사 제1차 시험 합격자

◆ 합격자 발표

구분	일시	장소
제1차 시험 합격자	2022.12.12.(월) 10:00 (예정)	서울특별시교육청 홈페이지
최종 합격자	2023.1.27.(금) 10:00 (예정)	

◆ 시험과목 및 출제 범위

구분	시험과목	배점	출제 범위	문항 수	시간(분)	비고
1차	교직 논술	20	초등학교 교직 교양 전 영역	1	60	논술형
	교육과정	80	초등학교 교육과정 전 영역	22문항 내외	140	단답형, 서술형
	한국사		한국사능력 검정시험으로 대체(3급 이상 취득)			

구분	시험과목	배점	출제 범위	문항 수	시간(분)	비고
2차	교직 적성 심층 면접	40	교사로서의 적성, 교직관, 인격 및 소양			구술형
	교수·학습 과정안 작성	10	교과과정의 일정 단원에 대한 교수·학습과정안 작성			서술형
	수업 실연	40	교사로서의 학습 지도 능력과 의사소통 능력			구술형
	영어 면접 및 영어 수업 실연	10	영어 의사소통 능력, 영어로 진행하는 수업 능력			구술형

◆ 초등학교 교육과정 출제 범위

2015 개정 교육과정[교육부 고시 제2022-2호] (2022. 1. 17.)

◆ 대학 성적 반영

구분	반영 점수	반영 방법
교육대학교, 한국교원대학교, 사범계 (초등교육과) 대학 졸업 (예정)자	20.0점 ~17.3점 (10등급)	• 졸업자는 전 학년 성적 석차(8학기를 원칙으로 함)를 환산 반영 • 2023년 2월 졸업예정자는 4학년 1학기(7학기)까지의 성적 석차를 환산 반영 • 3학년 편입생에 대한 대학 성적은 편입 후 3, 4학년 성적을 반영하되 졸업예정자는 3학기까지의 성적을 반영 • 성적 석차 증명서 발급이 불가능할 경우에 대학(교) 발행 미발급 사유서를 제출하면 기타 응시자와 같은 방법으로 반영 ※ 응시원서 접수 시, 대학 성적을 입력하지 않거나 대학(교) 발행 석차증명서 미발급 사유서를 첨부하지 않을 경우 반영 점수의 최저 점수 부여
기타 응시자	20.0점 ~17.3점 (10등급)	• 제1차 시험(필기시험)의 성적 석차를 총응시자(한국사능력 검정시험 3급 이상 미취득 인원 제외)의 석차(%)로 환산한 등급 점수 부여 • 한국교원대학교 및 이화여자대학교에서 초등교육을 복수 전공을 한자 포함

◆ 석차에 의한 등급별 성적 환산 방법

등급	석차 백분율(%)	반영 점수	등급	석차 백분율(%)	반영 점수
1	0.01~5.00	20.0	6	50.01~65.00	18.5
2	5.01~12.00	19.7	7	65.01~78.00	18.2
3	12.01~22.00	19.4	8	78.01~88.00	17.9
4	22.01~35.00	19.1	9	88.01~95.00	17.6
5	35.01~50.00	18.8	10	95.01~100	17.3

1) 응시자 석차의 전체 인원 대비 백분율을 산출하여 해당 등급 점수를 반영합니다.【석차 백분율 산정식=성적 석차÷응시인원×100】
2) 석차 백분율 산정 시 소수점 둘째 자리까지 산정합니다. (셋째 자리에서 반올림)
3) 한국사 능력 검정 결과가 3급 이상이면서 제1차 시험 과목별 만점의 40% 이상 득점한 자에 한하여 반영합니다.

◆ 가점(둘 다 해당하는 경우 유리한 하나만 선택)

구분	가점 부여 비율	가점 대상
취업 지원 대상자 가점	과목별 득점에 과목별 만점의 5% 또는 10% 가산	국가유공자, 독립유공자, 보훈 보상 대상자, 5.18민주유공자, 특수 임무 유공자, 고엽제 후유의증 등
의사상자 등 가점	과목별 득점에 과목별 만점의 3% 또는 5% 가산	의사자의 배우자 또는 자녀

◆ 지역가산점

점수	부여 대상
6점	원서접수 마감일 현재(2022.10.7.) 교원 경력이 없는 자(기간제 교사 및 강사 경력 제외)로서 • 서울교육대학교 졸업(예정)자 • 이화여자대학교 사범대학 초등교육과 졸업(예정)자 (초등교육과 복수전공자 제외) • 서울특별시교육감이 추천하여 입학한 한국교원대학교 초등교육과 졸업(예정)자 (초등교육과 복수전공자 포함)

점수	부여 대상
3점	원서접수 마감일 현재(2022.10.7.) 교원 경력이 없는 자(기간제 교사 및 강사 경력 제외)로서 • 타지역 교육대학교 졸업(예정)자 • 타 시·도교육감 추천으로 입학한 한국교원대학교 초등교육과 졸업(예정)자 (초등교육과 복수전공자 포함) • 제주대학교 교육대학 초등교육과 졸업(예정)자

◆ 합격자 결정

1. 제1차 시험 합격자 결정

   1) 합격자 수: 선발 예정 인원의 1.5배수(소수점 이하는 절상)로 하며, 합격선에 동점자가 있을 경우 모두 합격 처리합니다.

   2) 결정 방법: 한국사 능력 검정 결과가 3급 이상인 자 중 제1차 시험의 성적에 대학 성적 반영 점수, 지역가산점 및 가점을 합산한 총점이 높은 사람 순으로 합니다.

2. 최종 합격자 결정

   1) 합격자 결정: 선발 예정 인원

   2) 결정 방법: 제1차 시험 성적(가점 포함)과 제2차 시험 성적(가점 포함)을 합산한 총점이 높은 사람 순으로 결정하되, 동점자가 있을 경우 동점자 처리 기준에 따릅니다.

출처: 서울특별시교육청

초중고 성적이 상위권이어야 하나요?

편 교대에 진학하려면 초중고 성적이 상위권이어야 하나요?

전 꼭 그렇지는 않아요. 공립초등학교 교사가 되기 위해서는 반드시 교대나 초등교육과가 개설된 3개 대학에 진학해야 하므로 일단 대학 입학을 할 수 있으면 됩니다. 교대는 전국적으로 10개가 있어 합격선이 조금씩 다르지만 대체로 성적이 우수한 학생들이 진학하는 건 사실이에요.

　IMF 이후 교육대학교 선호 현상이 가속화되어 합격선이 많이 올라가게 되었고, 소위 명문대라 불리는 곳에 합격했어도 교대를 선택하는 학생들이 나타났어요. 이후에도 경기 불황과 청년 실업 문제가 해결되지 않고 도리어 심화하는 사회적 분위기 속에 교대 선호 현상은 계속되고 있죠. 다만 저출산 현상으로 인해 정부에서 임용하려는 초등교사의 수를 지속적으로 줄이고 있어 임용시험 경쟁률이 높아지게 되었고, 교원 수급 예측 실패로 임용시험에 합격했더라도 발령을 기다리는 인원이 많아지게 되었어요. 그래서 근래에는 교대의 인기가 전보다 덜하다고 하는데요. 그래도 여전히 교대 입학 커트라인은 높은 편입니다.

유리한 전공 자격증이 있을까요?

편 유리한 전공 자격증이 있을까요?

전 초등교사는 임용시험에서 유리하거나 가점이 있는 전공 관련 자격증이 없어요. 교대 또는 초등교육과를 졸업하면 초등 2급 정교사 자격증을 취득할 수 있기 때문에 성실하게 학점을 이수하고 졸업하면 됩니다. 한국사능력검정시험이 도입되던 초기에는 3급 이상을 취득한 경우 가산점이 부과되었는데, 지금은 필수 시험으로 전환되었죠. 그래서 초등교사 임용시험에서 가산점이 있는 자격증은 하나도 없는 셈이에요.

전공 이야기가 나온 김에 덧붙이자면 교대에 입학하면 모두 초등교육을 전공하게 됩니다. 앞에서 설명해 드린 대로 초등교사를 양성하기 위해 이수해야 하는 과목과 학점을 학교에서 정해주지요. 다만 학생들이 특정 분야에 대해 더 전문적인 자질을 기를 수 있도록 학과를 나누고 해당 학문에 대한 심화과정을 일부 학점으로 이수하게 해요. 일종의 부전공 개념이라고 할까요? 윤리교육과, 국어교육과, 사회교육과, 수학교육과, 과학교육과, 체육교육과, 음악교육과, 미술교육과, 생활과학교육과(실과교육과), 교육학과(초등교육과), 영어교육과, 컴퓨터교육과 등이 있어요. 보통 교대에 합격하면 3월 첫 학기 개강에 앞서 신입생 오리엔테이션을 하게 되는데 그때 선택하죠. 교대 커리큘럼과 시간표를 학교에서 제공하다 보니 심화 전공을 구분한다기보다 학급의 개념처럼 느껴졌던 기억이 나네요. 학생 개인이 과목을 선택해 자유롭게 수강하지 않고 정해진 시간표대로 같은 과 동기들과 함께 이동하며 수업을 들으니 동기들과 더 끈끈하고 즐겁게 학교생활을 할 수 있었답니다.

편 임용시험 난이도가 어느 정도인가요?

전 해마다 조금씩 바뀌기는 하는데, 사실 많이 어려워요. 임용시험은 1차와 2차 시험으로 나누어져 있어요. 보통 매년 11월에 필기시험으로 치러지는 1차 시험을 먼저 봐요. 그리고 심층 면접과 수업 시연과 같은 실기로 구성된 2차 시험을 1월 초에 보고요.

1차 시험은 필수 조건이 된 한국사능력검정시험을 제외하면 초등학교 교직 및 교양에 대해 논술형으로 쓰는 교직 논술과 초등학교 교육과정 전 영역에 대해 단답형과 서술형 문항으로 출제되는 교육과정을 시험 봅니다. 제가 2005학년도 임용시험을 봤었는데요. 그때 1차 과목은 오지선다형 객관식으로 출제되는 교육학과 주관식인 교육과정이었어요. 교육심리학부터 교육행정, 교육통계, 교육평가 등 4년 동안 교대에서 배웠던 방대한 교육학 과목을 한 번에 시험 보느라 고생했던 생각이 납니다. 지금은 논술형으로 바뀌어서 조금 쉬울까 하고 생각했는데 기출문제를 보니 그렇지 않더라고요. 수능형 지문처럼 긴 문제를 읽고 해석한 후 그동안 학습했던 것들을 총동원해 깊이 있는 논술을 써야 하거든요.

　또 1차 필기시험 중 교육과정 과목은 초등학교 교육과정 전 영역에 대해 출제가 되기 때문에 공부할 양이 엄청나요. 예를 들면 2023학년도 초등교사 임용시험의 경우 현재 학교에 적용되는 2015 개정 교육과정이 시험 출제 범위인데요. 교육과정은 우리나라 공교육의 기반이 되는 총론과 교과별로 만들어지는 각론으로 구성되어 있어요. 여기에 더해 총론에는 그 배경과 의도를 추가로 설명하는 총론 해설서가 있고요. 각론은 해당 교과의 교육과정 해설서, 그리고 교과 교육과정을 토대로 만들어진 각 학년의 교과서와 교사용 지도서가 있지요. 예를 들어 국어과라면 국어과 교육과정 해설서가 있고, 초등학교 6개 학년에 대한 국어 교과서와 국어 활동 교과서, 그리고 각 학년 및 학기별 교사용 지도서가 있어요. 국어과만 세어보아도 벌써 해설서 한 권과 교과서와 지도서 서른여섯 권이 있죠. 그런데 초등학교는 10개의 과목이 있어요. 저학년에서 학습하는 통합교과까지 더하면 11개 과목이죠. 그중 어느 부분에서 시험 문제가 출제될지 알 수 없기 때문에 전 학년 교과서와 지도서, 그리고 각 교과 교육과정의 해설서를 달달 외워서 준비합니다. 수험생들 사이에는 임용고사의 주관식 문항을 채점할 때 문제가 요구하는 핵심 키워드를 세어서 부분 점수를 매긴다고 알려져 있는데요. 워낙 경쟁이 치열한 시험이고, 떨어지면 고스란히 1년을 기다렸다가 후배들과 다시 시험 봐야 하는 구조로 되어 있다 보니 키워드뿐 아니라 문장을 통째로 달달 외우다시피 준비하게 됩니다. 저도 임용고시를 준비하면서 계속 암기하고, 핵심 내용을 완벽하게 숙지한 후에는 조사까지 그대로 외울 정도로 반복하며 준비했어요. 그러니 절대 쉽지 않은 시험이죠.

그리고 2차 시험은 면접과 실기 위주인데요. 교직 적성 심층 면접, 교수 · 학습과정안 작성, 수업 실연, 영어 수업 실연 및 영어 면접으로 각각 나누어져 있어요. 교수 · 학습과정안은 실제 수업할 교사가 어떻게 수업을 실행하고 평가까지 도달하는지 미리 세우는 수업 계획이라고 볼 수 있는데요. 이것 역시 어느 학년의 어느 과목이 나올지 모르기 때문에 많은 실전 연습이 필요해요. 특히 교과마다 오랜 학문적 배경이 있고, 그 안에서 다양한 교수 · 학습 모형과 이론들이 발전해 왔어요. 그 중에서 지금 가르쳐야 할 주제에 가장 적합한 수업 모형이 무엇인지 연구하고 효과적인 학습 계획을 세우는 건 많은 경험이 필요합니다. 또 이것을 실제 수업으로 실연하는 것 또한 많은 준비가 필요하고요. 교사로서의 적성과 교직관을 확인하는 교직 적성 심층 면접, 영어 수업 실연과 영어 면접도 마찬가지예요. 제가 임용시험을 본지 벌써 20년이 다 되어가는데요. 당시에도 면접 문항을 미리 공개하지 않고 면접관을 만나기 바로 전에 대기실에서 시험장으로 한 명씩 들어와 읽고 5분 정도 생각할 시간을 준 뒤에 바로 답해야 했어요. 영어 면접 역시 마찬가지였고요. 처음 보는 세 분의 시험관 앞에서 저라면 이렇게 수업하겠다며 영어로 설명하고, 율동하며 영어 챈트를 신나게 불렀던 기억이 나네요. 벌써 오래전이라 최근에 임용시험을 보고 발령받은 후배 선생님들께 여쭤봤는데 지금도 2차 시험의 과정은 비슷하더라고요. 중요한 것은 2차 시험도 정말 준비가 많이 필요하다는 것이에요. 1차 시험에 합격하기도 어렵지만 1.5배수로 합격했기 때문에 1차 합격자의 1/3은 2차에서 떨어질 수밖에 없거든요. 그래서 1차 시험이 끝나자마자 스터디하는 친구들과 모의 면접 연습을 하며 2차 준비를 열심히 했어요. 서로 도와가며 함께 준비한 덕분에 저희 스터디는 전부 다 합격했답니다. 임용고시는 경쟁이 치열한 시험이지만 곁에 있는 친구들과 진심으로 함께 하면 모두에게 좋은 결과가 있더라고요. 서로 의지도 많이 되고요.

임용시험 경쟁률은 어떻게 되나요?

편 임용시험 경쟁률은 어떻게 되나요?

전 임용시험 경쟁률은 해마다 모집 인원에 따라 변화가 있는데요. 최근에는 초등교사 모집 인원이 전국적으로 급격하게 감소하면서 경쟁률이 높아지고 있어요. 2023학년도 공립 초등교사 임용시험의 지역별 모집 인원과 경쟁률을 보여드릴게요. 그리고 공립 초등교사 임용시험에서는 일반과 장애인 모집 인원을 나누어 선발하는데요. 여기 표에서는 장애인 전형을 제외하고 일반 전형의 모집 인원과 경쟁률만 구했습니다.

편 지방은 확실히 경쟁률이 덜하네요.

전 그렇죠. 아주 오래전에는 경쟁률이 1 대 1이거나 미달되는 지역들도 있었어요. 예를 들면 섬이 많은 지역 같은 경우에는 계속 전근을 다녀야 하는데 가정을 이루고 아이들을 키우다 보면 쉽지 않잖아요. 그래서 도서 벽지는 경쟁률이 낮은 편이었어요. 하지만 지금은 거의 없어요. 경쟁률이 낮은 지역을 살펴보더라도 거의 2 대 1은 되지요.

2023학년도 공립 초등교사 임용시험의 지역별 모집 인원과 경쟁률

지역	선발 인원	지원 인원	경쟁률
서울	107	508	4.75
경기	1,414	2,914	2.06
인천	185	407	2.20
대전	9	26	2.89
광주	5	37	7.40
부산	324	697	2.15
울산	112	229	2.04
대구	27	75	2.78
세종	64	235	3.67
강원	86	255	2.97
충북	74	157	2.40
충남	119	247	2.08
경북	317	624	1.97
경남	138	289	2.09
전북	41	103	2.51
전남	141	267	1.89
제주	99	190	1.92
합계	3,262	7,260	2.23

🕮 그런데 서울이 4.75 대 1이면 정말 세네요.

🕮 네. 그렇죠. 도서 벽지보다 대도시를 선호하는 경향 때문이기도 하지만 서울의 경우 임용이 되었어도 학교로 발령받지 못하는 적체 현상이 심각해 모집 인원을 계속 줄이기 때문이기도 해요. 서울은 2018년 이후로 임용시험 모집 인원을 300명대로 줄였는데요. 2022학년도에 216명, 2023학년도에 115명을 선발했어요. 교대 졸업생은 줄어들지 않았는데 교사 선발 인원을 줄이니 경쟁률이 높아질 수밖에 없죠.

🕮 서울은 지역에 상관없이 다 지원할 수 있나요?

🕮 네. 서울뿐 아니라 전국 어디나 지원할 수 있어요. 특정 교대를 나왔더라도 임용시험을 보고 싶은 지역을 고를 수 있는 자유가 있죠. 하지만 그렇게 되면 앞에서 말씀드린 대로 도서 벽지가 많은 지역은 교사 수급에 어려움이 있겠죠. 그래서 졸업한 교대가 소재하고 있는 지역으로 임용시험에 응시할 때 지역가산점을 주고 있어요. 반면 타 교대 출신이 응시할 경우에는 지역가산점을 일부만 주는 방식으로 차등을 주고 있답니다. 서울을 예로 들자면 2023학년도 임용시험의 경우 서울에 소재한 서울교대, 이화여대 초등교육과를 졸업하면 지역가산점 6점을 받을 수 있고, 타지역 교대는 3점을 받을 수 있어요.

예외적으로 교원 양성을 위해 설립된 한국교원대는 대전, 충북, 세종 외에도 졸업한 고등학교가 위치한 지역의 지역가산점 6점을 받을 수 있어서 서울에서 고등학교를 졸업하고 한국교원대에 진학한 학생이라면 서울 지역가산점 6점을 받을 수 있죠. 그리고 기간제나 강사 경력은 상관없지만 임용시험에 합격해 초등교사로 근무했던 이력이 있는 응시자에게는 지역가산점을 주지 않아요. 현직 초등교사가 타지역으로 이탈하는 것을 막기 위해서겠죠.

앞에서 초등교사 임용시험에는 교대 4년 과정의 내신 성적이 들어간다고 말씀드렸는데요. 내신 성적을 1~10등급으로 나누고 등급별로 최고 20점에서 17.3점까지 주고 있어요. 여기에서 최대 2.7점까지 점수 차이가 날 수 있는 거죠. 그리고 임용시험의 결과는 소수점 아래 둘째 자리까지 점수를 계산해 반영하고요. 따라서 만약 타지역으로 임용시험을 보고 싶다면 이러한 부분을 모두 고려해서 준비해야 합니다.

어떤 사람이 초등교사가 되면 좋을까요?

편 어떤 사람이 초등교사가 되면 좋을까요?

전 기본적으로 아이들을 좋아하는 사람이면 적성에 잘 맞는다고 생각해요. 초등교사는 아이들과 함께하는 것이 즐겁고, 아이들에게 도움을 주고 싶은 사람에게 잘 맞는 직업이거든요. 그리고 학생이 잘 이해하도록 효과적으로 설명하는 것도 중요하겠죠. 화려한 언변까지는 아니어도 조리 있게 말로 잘 표현하는 능력이 필요해요. 특히 초등교사는 8세부터 13세까지 폭넓은 아이들을 지도해야 하므로 연령별로 아이들의 발달을 잘 이해하고, 아이들 눈높이에 맞게 지도할 수 있어야 하죠. 또 초등교사는 전 과목을 지도하게 되므로 국어, 수학, 사회, 과학부터 음악, 미술까지 두루 흥미가 있고 곧잘 한다면 도움이 된다고 생각해요. 물론 반드시 그래야 할 필요는 없지만요. 초등교사는 한 분야에 대한 깊은 지식보다는 아이들에게 충분히 가르칠 수 있는 폭넓은 지식과 그것을 잘 전달해서 효과적으로 학습하게 만들 수 있는 교수법을 가지는 게 중요하거든요. 그래서인지 초등학교 선생님들을 보면 그림도 잘 그리고 음악도 잘하고 조리 있게 말로 표현도 잘하는 다재다능하신 분들이 많다고 느껴져요.

자신이 아이들을 좋아하는지
어떻게 알 수 있나요?

편 자신이 아이들을 좋아하는지 어떻게 알 수 있나요?

전 내가 아이들을 좋아하는지 알아보려면 아이들과 시간을 보내봐야겠죠? 저는 첫째인데, 어렸을 때부터 동생이나 사촌 동생들을 잘 데리고 놀아줬어요. 아이들과 잘 지냈죠. 만약 주변에 아이들이 없다면 다른 사람들과 내가 잘 어울리는 사람인지 생각해 보면 좋을 것 같아요. 교사는 기본적으로 사람을 대면해야 하는 직업이잖아요. 꼭 성격이 외향적일 필요는 없어요. 선생님 중에도 기본 성향은 내성적인 편이지만 아이들 지도는 잘하시는 분도 많거든요. 중요한 것은 혼자 일하는 것을 좋아하는지, 사람과 어울리는 것을 좋아하는지 살펴보는 것이에요. 물론 요즘은 이직을 쉽게 한다고 하지만 그래도 평생 보람을 느끼며 할 직업을 고른다고 생각하고 나의 성향을 생각해 보는 시간을 가지면 좋을 것 같아요.

남녀 성비는 어떤가요?

편 남녀 성비는 어떤가요?

전 우리나라 초중고 교사의 남녀 성비는 여교사가 많은 여초 현상을 보이는데요. 그중에서도 초등학교 교사의 성비 불균형 이 가장 심각합니다. 최근에 이루어진 '2018~2022학년도 초 중고 교과교사 성별 현황' 조사에 따르면 초등학교의 여교사 비율은 2022년 77.3%로 나타납니다. 심지어 전국 초 · 중 · 고 교 2만 696개 중 남교사가 전혀 없는 학교가 107개 있다고 하 고요.(출처: 동아일보 2022.10.03. 기사 "남성 교사 없는 학교, 전국 에 107곳… 초등교사 77% 여성" https://www.donga.com/news/ article/all/20221002/115762990/1)

사실 초등학교에서 여교사가 많은 현상은 어제, 오늘의 일이 아니에요. 제가 교대에 진학하던 당시에도 여학생들이 교대를 선호하는 현상이 뚜렷하다 보니 남학생과 여학생을 구분해 모집했거든요. 학교마다 달랐지만 보통 한쪽 성별이 75~80%를 넘지 못하도록 규정을 만들어 교대 신입생을 선발 했지요. 한 가지 다행인 소식은 교대 진학을 희망하는 남학생 들의 수가 점점 많아지고 있다는 것이에요. 교대 입학생 최저 성비 규정을 이제는 맞출 필요가 없을 정도니까요. 한국교육개발원에서 발표한 대학교육통계의 연도별 입학자 수를 찾아봤는데요. 2021년 전국 교육대학교의 남녀 입학생 수와 비율을 알 수 있어요.

구분	합계	남자	여자	남(%)	여(%)
서울교대	395	87	308	22.0	78.0
부산교대	383	152	231	39.7	60.3
대구교대	417	173	244	41.5	58.5
경인교대	657	170	487	25.9	74.1
광주교대	337	138	199	40.9	59.1
춘천교대	341	132	209	38.7	61.3
청주교대	312	109	203	34.9	65.1
공주교대	381	163	218	42.8	57.2
전주교대	303	130	173	42.9	57.1
진주교대	338	133	205	39.3	60.7
전국	3,864	1,387	2,477	35.9	64.1

출처: 한국교육개발원 교육통계서비스

결과에서 살펴볼 수 있듯이 서울교대와 경인교대만 여학생 비율이 70%를 넘었고, 나머지 교대는 여학생 비율이 60% 전후로 나타나고 있어요. 앞으로는 우리 아이들도 남자 선생님을 더 많이 만나게 될 수 있지 않을까요?

편　청소년기에 어떤 경험을 하면 좋을까요?

전　아이들을 가르치는 봉사를 해보면 초등교사라는 직업의 어려움과 보람을 느낄 수 있을 거예요. 저는 대학 시절에 가까운 초등학교에서 대학생 자원봉사를 한 적이 있었는데요. 방과 후에 학습 부진아들을 지도하는 일이었어요. 초등학교 담임선생님이 모든 학생을 일대일로 가르칠 수 없기 때문에 특히 집중해서 보충 수업을 해야 하는 학습 부진 학생들을 위해 대학생들이 학습을 도와주는 자원봉사가 있었거든요. 그런 경험을 해보니까 힘든 점도 있었지만 아이들과 공감하며 신뢰를 쌓는 과정이 큰 경험이 되었어요. 학생들에게 도움을 주었다는 보람도 있었고요.

　　요즘 중·고등학생들은 대학 진학을 위해서라도 일정 시간 봉사활동을 해야 하는 것으로 알고 있는데요. 만약에 기회만 있다면 아이들을 가르치는 봉사활동을 할 수 있으면 좋을 것 같아요. 지역마다 지역아동센터가 많아요. 그런 곳에서 도움이 필요한 일이 있다면 봉사하며 앞으로 가르치게 될 어린이들을 만나보는 경험을 해보면 큰 도움이 되리라 생각합니다.

편 이 책을 읽고 교대에 진학해서 임용시험을 준비할 학생들에게 조언을 부탁드려요.

전 처음에 교대에 진학하기로 마음먹었을 때는 학교가 좀 밋밋하지는 않을까 하는 걱정도 했어요. 이 책을 읽는 청소년 여러분도 그런 생각을 할 수 있을 것 같은데요. 막상 교사로 오랜 시간 근무해 보니 학교만큼 스펙터클한 곳이 없더라고요. 매년 만나는 아이들도 달라지고, 근무하는 학교도 주기적으로 변하니까요. 교사에게 마음을 여는 아이들도 있고, 그렇지 못한 아이들도 있죠. 학부모님 역시 마찬가지고요. 초등교사는 그런 다양한 환경 속에서 내가 어떤 방향으로 아이들을 잘 이끌어주고 함께 걸어갈 수 있을지 고민하고 완성해가는 매력이 있는 직업이랍니다.

그리고 그 일을 위해 먼저 교대 진학과 임용시험 통과라는 큰 산이 앞에 놓여 있을 텐데요. 제가 지나온 시간을 돌이켜보면 물론 쉽지 않았지만 준비하고 헤쳐 나가며 나의 내면이 더 단단해지고 성숙해지는 좋은 시간이 되었어요. 특히 임용시험을 준비할 때는 정말 힘들었지요. 공부할 양도 많고, 합격을 장담하기 어려우니까요. 하지만 같은 목표로 함께 공부하는 교대 동기들이 있어서 견딜 수 있었어요. 교대 성적이 교사 임용에 반영되지만 서로 경쟁한다는 생각은 전혀 들지 않더라고요. 교육자로서 같은 길을 걸어갈 동료들이라고 생각하니 오히려 더 끈끈했고 함께하는 대학 생활이 행복했답니다. 덕분에 내가 교사로서 적합한 사람일까 하는 고민에 대해서도 함께 공부하며 답을 찾을 수 있었고요.

임용시험은 교사가 되기 위한 긴 레이스의 결승선처럼 느껴지지만 그 시간을 지나고 보니 결승선이 아니라 앞으로도 이어질 레이스에서 하나의 허들일 뿐이라는 생각이 들어요. 그걸 통과하고 나서도 교직 생활하는 동안 끊임없는 자기 계발이 이어져야 교사로서 만족감과 자아 성취감이 생기거든요. 또 내가 나의 길을 어떻게 다듬고 노력하느냐에 따라 정말 다양한 길이 열리기도 하고요. 앞으로 여러분의 앞날에 더 많은 경험과 기회가 열려 있다고 생각하고 기대하는 마음으로 조금 더 힘내면 좋겠어요. 응원합니다!

초등교사가
되면

임용시험에 합격하면 어디에서 근무하나요?

🔵편 임용시험에 합격하면 제일 처음 어디에서 근무하나요?

🔵전 임용시험에 합격하면 새 학년도 3월 1일 자로 근무할 학교에 발령을 하는데요. 합격 결과를 확인하고 나면 보통 1~2월에 신규 임용 예정 교사 연수가 교육청별로 이루어집니다. 그 후 2월 말에 지역교육청과 근무할 학교 발령이 나죠. 서울과 같은 시 교육청 단위에서는 발령 예비자가 지역이나 학교를 지망하지 않고, 교육청에서 기존 초등교사 재배치 후 남은 자리 중에서 거주지와 가까운 곳으로 발령을 냅니다. 서울이나 광역시가 아닌 도 단위에서는 지역마다 특, 갑, 을, 병으로 구분되는 지역 점수가 있어요. 선호하는 사람이 많은 특 지역은 거주 기간 제한이 있기도 하고, 도서 벽지인 병 지역은 승진에 반영되는 가산점이 있어 희망하는 교사가 있기도 해요. 이런 복합적인 상황에서 발령이 납니다.

　이렇게 교육청에서 발령이 나면 발령장을 직접 받고 근무할 학교에 가요. 간단하게 학교에 대한 안내를 받은 후에 학급담임으로서 새 학년도에 맡게 될 아이들에 대한 안내도 받게되지요. 그렇게 얼마 동안 준비하고 나면 바로 3월 첫 출근부터 초등교사로서 업무를 시작합니다. 다만 때에 따라서는 3월에 발령을 바로 받지 못하고 발령 대기를 할 수도 있어요. 이러한 임용 적체 현상으로 인해 최근 서울 지역에서는 급격하게 초등교사 선발 인원을 줄이기도 했지요. 제가 초임 발령을 받았던 약 18년 전에도 전년도 합격생이 전부 발령이 나지 않아서 한 학번 선배와 3월 1일 자로 함께 발령받기도 했고요. 매년 퇴직과 휴직, 복직하는 교사의 수를 예측하고 신규 교사를 임용하는 일은 쉽지 않지만 안정적인 교사 수급을 위해 더 노력해야 한다고 생각해요.

어떤 업무부터 시작하나요?

편 어떤 업무부터 시작하나요?

전 신규 교사로 첫 학교에 발령받으면 다른 선생님들과 마찬가지로 동일하게 업무를 시작합니다. 학급 담임이라면 담임으로서 학생들을 지도하고, 생활 지도나 학급 운영을 해야 하지요. 학교 구성원의 일부가 되었기 때문에 학교 업무도 해야 하고요. 교직원의 수가 많은 큰 학교에서는 첫 발령을 받은 신규 교사에게 가장 까다롭다고 여겨지는 초등학교 6학년이나 1학년 담임을 맡기지 않는다거나 학교 업무를 곧바로 맡기지 않는 식으로 배려하기도 해요. 하지만 규모가 작은 학교에서는 그럴 수 없어서 부득이하게 신규 교사에게 해당 업무를 맡기기도 합니다.

무엇보다 초등교사는 기본적으로 교육대학교 4년의 교육과정과 몇 차례의 교생 실습, 그리고 임용 전 신규 교사 연수를 통해 충분히 준비가 되었다고 보기 때문에 별도의 수련 기간 없이 바로 업무를 시작하게 되는 것이죠. 다만 실제 학교 현장에서 업무를 시작해 보면 사소한 것부터 모르는 것들이 많을 수 있어서 동 학년 선생님들이나 학년부장 선생님이 많이 도와주세요. 특히 나이스라고 부르는 교육행정정보시스템이나 학교 예산을 사용할 때 기안문을 올리는 에듀파인과 같은 행정 시스템은 직접 업무를 해보기 전에는 알기 어려운데요. 도움을 요청하면 언제든 주변 선생님들이 친절하게 가르쳐줍니다. 또 저 경력 교사를 위한 임상 장학을 실시해 수업 기술을 발전시킬 수 있도록 이끌어주고요.

✦ 교실 꾸미기 (학생 작품) ✦

교장, 교감 선생님은 어떤 일을 하세요?

편 교장, 교감 선생님은 어떤 일을 하세요?

전 초 · 중등교육법 제20조를 보면 "교장은 교무를 총괄하고, 소속 교직원을 지도 · 감독하며, 학생을 교육한다."라고 되어 있어요. 말 그대로 교장 선생님은 학교 전체의 총책임자예요. 교육 활동과 인사 결정의 책임자이기도 하고요. 학교에서 이루어지는 모든 의사결정의 최종 승인은 교장 선생님께 달려 있죠. 그렇다고 해서 학교의 중요한 일 처리가 교장 선생님 독단으로 결정되지는 않아요. 기본적으로 전체 교직원이 협의해 결정하고, 학부모의 의견을 들어야 하는 사안은 충분히 의견을 수렴해 결정하게 됩니다. 예를 들어 내년에 우리 학교 재량휴업일을 언제 쉴 건지도 학부모 설문을 듣고 결정해요. 사실 수업 일수와 재량휴업일 같은 것들은 학교장에게 결정 권한이 있지만요. 또 사소한 것도 학생이나 학부모의 의견을 듣고 정하는 것들이 많아요. 제가 근무하는 학교에서 최근에 낙후된 학교 도서관을 리모델링 했어요. 그리고 이번 방학에는 지저분해진 교실 벽면에 새로 페인트를 칠했고요. 그럴 때마다 교사, 학생, 학부모의 의견을 수렴해 결정했어요. 색상 배치도 학생들이 직접 골라보도록 투표하고, 학교 도서관 이름 공모도 하고요. 이렇게 학교에서 하는 많은 의사결정에 대해 교육공동체 구성원들의 다양한 의견을 듣지만 어쨌든 최종 결정권자는 교장 선생님이에요. 더불어 학교에서 일어나는 모든 사건, 사고도 책임을 지게 되지요. 그렇게 막중한 책임이 있는 자리가 교장 선생님입니다.

반면에 교감 선생님은 교장 선생님을 도우면서 실질적으로 학교 업무들이 원활하게 진행되도록 조율하고 추진하는 실무자라고 볼 수 있어요. 초·중등교육법 제20조에서는 "교감은 교장을 보좌하여 교무를 관리하고 학생을 교육하며, 교장이 부득이한 사유로 직무를 수행할 수 없을 때는 교장의 직무를 대행한다."라고 설명해요. 초등학교에서는 새 학년도를 시작하기 전에 일 년의 학교 교육과정을 모두 계획하는데요. 학교 교육과정, 학년 교육과정, 학급 교육과정이 모두 미리 준비되고, 그 계획에 맞춰 교육 활동이 이루어져요. 이 과정에서 실질적으로 업무를 나누고, 세부적으로 추진하고, 회의를 통해서 실행하는 분이 교감 선생님이에요. 학교에서 이루어지는 많은 회의 중에 매주 하는 부장 회의가 있는데요. 각 학년부장, 특수부장, 교감, 교장 선생님까지 모두 모여서 학교의 중요한 계획이나 교육 활동에 대해 회의합니다. 물론 학년에서 회의한 내용을 바탕으로 의견을 수렴해 결정하고요. 부장 회의에서 논의된 것을 다시 학년으로 전달해 의견을 듣고 결정하기도 하죠. 이런 과정을 여러 번 거치다 보면 절차도 복잡하고 시간도 오래 걸리는데, 그런 세세한 실무를 교감 선생님이 맡고 있다고 볼 수 있어요.

초등교사의 직급 체계는 어떻게 되나요?

편 초등교사의 직급 체계는 어떻게 되나요?

전 초등학교 교사는 직급 체계가 단순하고 다른 조직에 비해 수평적인 조직문화를 가지고 있어요. 앞에서 설명한 대로 전체 조직의 총책임자인 교장 선생님과 그 아래에서 실무를 추진하는 교감 선생님이 있어요. 교감 선생님은 보통 한 학교에 한 분 계시지만 과대 학교일 경우에는 두 분이 함께 일하는 복수교감제로 운영되기도 해요. 복수교감제는 43학급 이상 되는 과대 학교에 두 명의 교감 선생님이 배치되는 제도인데 현재 관련 법령은 폐지되었고 각 교육청의 자율적 판단으로 운영되고 있어요. 그 아래에 각 학년의 대표를 맡는 학년부장교사와 학교 업무의 각 부서를 담당하는 특수부장교사가 있어요. 그 외에는 모두 똑같은 직급을 가진 평교사랍니다. 조금 더 나누어보자면 처음 임용되었을 때는 초등 2급 정교사이고, 근속연수 3년 이상이 지나면 받을 수 있는 1급 정교사 자격연수를 이수한 후에는 초등 1급 정교사가 됩니다. 초등학교는 선생님들의 교직 경력이 매우 다양하지만 같은 평교사로 수평적 관계에서 일한다는 점이 독특하다고 볼 수 있어요.

교사로서 숙련되기까지 얼마나 걸려요?

편 교사로서 숙련되기까지 얼마나 걸려요?

전 글쎄요. 정답은 없다고 생각해요. 교육에 왕도가 없는 것처럼 교사로서 내가 잘하고 있다고 느낄 정도가 되려면 얼마만큼의 경험이 쌓여야 할지 개인마다 다를 것 같아요. 다만 초등 2급 정교사로 신규 발령을 받아 근무한 지 3년이 지나면 초등 1급 정교사 자격연수(이하 1정 연수)를 받을 수 있는데요. 2급에서 현장 경험이 더해져 1급이 된다는 것이 의미하는 바가 있다고 생각해요. 1정 연수는 초등교사로 근무한 경험을 되돌아보고 교사로서의 마음가짐을 다잡는 기회가 되거든요. 또 교대에서 배운 이론과 교육 현장에서 매일 마주하는 실제 사이에서 많은 괴리와 고민이 생기는 시기이기도 한데요. 나보다 먼저 그 길을 걸어가고 있는 선배 교사들의 강의를 들으며 내가 가진 고민이나 어려움에 대한 답을 찾기도 합니다.

그래서 개인적으로는 교사로 3~5년 정도 근무하면 교직에 대한 이해가 깊어진다고 생각해요. 10년 정도 근무하면 학생들을 대하는 것이나 학교 업무를 처리하는 데 더 능숙해지지 않나 싶고요. 보통 그 정도 경력일 때부터 부장교사로 많이

✦ 학생 작품 ✦

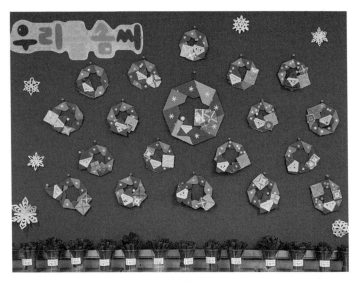

✦ 학생 작품 ✦

일하기 시작하기도 하죠. 어느 분야든 10년을 성실히 집중해서 갈고닦으면 그 분야의 베테랑이 된다고들 하잖아요. 저는 초등교육에서도 비슷하다고 느낍니다.

초등교사 간의 커뮤니티도 있나요?

🔵편 초등교사 간의 커뮤니티도 있나요? 선생님의 직접경험, 간접경험이나 교류가 아이들 교육에 중요할 것 같아요.

🔵전 맞아요. 특히 초등교사는 경험이 중요한 것 같아요. 선생님의 교육관과 경험이 학생들에게 그대로 전달되거든요. 그래서 선생님들이 방학마다 다양한 연수를 듣고 배워 교수법을 발전시키려고 하죠. 여기에서 더 나아가 다양한 교과연구회에 소속되어 전문화된 연구를 여러 선생님과 함께하기도 해요. 국어, 수학, 과학, 영어 등 교과별로 여러 교과연구회가 있고요. 교육청에 소속되어 활동하는 연구회도 있고, 뜻이 맞는 선생님들끼리 모여 활발하게 현장 경험과 연구 결과를 공유하는 연구회도 있어요. 교과연구회별로 일정 시기마다 그동안 연구한 내용을 발표하거나 공개수업을 하기도 하고요. 각 학교에 공문을 보내면 관심 있는 선생님들이 자율적으로 참여해 듣고 배울 수 있어요. 요즘은 여러 매체가 발달하다 보니 연구회에서 함께 발전시킨 내용을 현직 초등교사뿐 아니라 학부모나 일반 대중과 나누기도 하더라고요. 책을 출간하거나 온라인 강의를 통해서요.

초등교육 관련 교과연구회 외에 온라인으로 교류하는 초등교사 커뮤니티들도 있어요. 그중에서 가장 널리 알려진 곳이라면 인디스쿨을 꼽을 수 있어요. 초등학교 현장에서 스스로 하는 수업 연구를 현직에 계신 다른 선생님들과 공유하는 온라인 커뮤니티예요. 역사가 오래되기도 했지만 초등학교 선생님들은 배움에 대한 열정뿐 아니라 내가 가진 좋은 경험을 나누고 싶은 마음도 큰 분들이 많아서 창의적이고 방대한 교육 아이디어가 축적되어 있어요. 물론 교육과정과 교과서가 주기적으로 바뀌는 데다 학교마다 아이들의 준비도나 교육 여건이 달라서 그대로 사용할 수는 없지만요. 좋은 수업 아이디어를 참고해 스스로 연구하다 보면 수업 기술이나 학급 경영 아이디어가 더 발전하게 되더라고요.

편 교육청 연수는 의무인가요?

전 초등교사가 듣는 연수에는 직무연수, 자율연수, 법정의무 연수 등이 있어요. 초등교사의 직무와 직접적으로 관련이 있는 직무연수는 1년에 60시간 이상 받아야 하고요. 연수 실적이 인사기록으로 남게 되고, 성과에도 반영돼요. 그래서 질병과 같은 특수한 상황이 아니라면 직무연수를 매년 60시간 이상 받도록 권고하고 있죠. 대신 연수의 종류는 본인이 선택할수 있고요. 그리고 초등교사라면 학교 교육계획에 의한 연수로 일정 시간 이상 의무적으로 이수해야 하는 법정의무교육이 있어요. 표로 정리해서 보여드릴게요.

	내용	대상	연간 시수
1	안전교육	교직원	3년마다 15시간 이상
2	장애인식개선 교육	교직원	연 1회 이상
3	아동 학대 예방 및 신고 의무교육	교직원	1시간 이상
4	긴급 지원 대상자의 신고 의무 관련 교육	교직원	연 1회, 1시간 이상
5	학교폭력예방교육	교직원	학기별 1회 이상

	내용	대상	연간 시수
6	성희롱·성폭력·성매매·가정폭력 예방 교육	교직원	각 연 1회, 각 1시간 이상 (대면 필수)
7	심폐소생술 등 응급처치에 관한 교육	교직원	3시간 이상 (실습 2시간)
8	부정 청탁 및 금품 등 수수의 금지에 관한 교육	교직원	연 1회 이상
9	부패 방지 교육	공직자	연 1회 이상, 연 2시간 이상
10	교육 활동 침해행위 예방 교육	교직원	연 1회 이상
11	학생 도박 예방 교육	교직원	연 1회, 1시간 이상
12	생명 존중 (자살 예방)	교직원	연 4시간 이상
13	학생 인권 교육	교직원	연 2시간
14	다문화 교육	교원, 교육 공무원	15시간 이상
15	인성교육	교원	1시간 이상
16	학습 부진아 등의 학습 능력 향상을 위한 연수	교원	5년간 15시간

출처: 서울특별시교육청교육연수원

편 교육청에서 이런 연수를 계속 제공하는 건가요?

전 네. 교육청마다 교육연수원이 있어요. 초·중등교사들의 직무와 관련된 다양한 연수 프로그램을 만들고 적합한 강사를 초빙하고 희망자를 모집해 실제로 운영하는 역할을 합니다. 교육연수원에서 연수가 개설되면 학교에 공문이 오고, 현장에 있는 교사들이 필요한 연수를 선택해서 신청할 수 있어요. 연수 과정별로, 기수별로 연수원으로 출장을 가서 듣게 되죠. 그런데 근무 학교에서 교육연수원까지 물리적 거리가 있고, 한정된 공간에 수용할 수 있는 인원이 제한적이기 때문에 각 지역교육청 단위에서도 다양한 교사 연수 프로그램을 개설해 운영하고 있어요. 그밖에 다양한 직무연수 기관에서 개설한 원격 연수를 들을 수도 있어요. 원격 연수는 집합 연수와 다르게 대면하지 않기 때문에 물리적 한계를 극복할 수 있죠. 교육과정도 무척 다양하고요. 선생님마다 필요한 연수를 선택해 들을 수 있어요.

휴가나 복지제도는 어떤가요?

(편) 휴가나 복지제도는 어떤가요?

(전) 초등교사는 국가공무원이기 때문에 대통령령 제32172호 국가공무원 복무규정에 따라 휴가를 사용할 수 있어요. 공무원이 사용할 수 있는 휴가에는 연가, 병가, 공가, 및 특별 휴가가 있지요. 공무원의 휴가는 법정 휴가 일수를 사용하도록 보장받아요. 다만 초등교사는 수업 및 교육 활동을 고려해 수업일을 제외하고 시행합니다. 또 업무 공백이 발생하지 않도록 대행자를 지정하고, 인수하는 등의 조치가 필요하고요. 그럼 국가공무원 복무규정과 인사혁신처의 공무원 인사제도에 대한 안내를 참고해 구체적으로 설명해 볼게요.

연가

연가는 소속 공무원이 정신적, 신체적 휴식을 취해 근무 능률을 유지하고 개인 생활의 편의를 위해 사용할 수 있는 휴가입니다. 연가를 사용할 수 있는 일수는 공무원의 재직 기간에 따라 달라지는데요. 6년 이상 재직한 경우에는 연간 최대 21일까지 사용할 수 있어요.

재직 기간	연가 일수
1개월 이상 1년 미만	11
1년 이상 2년 미만	12
2년 이상 3년 미만	14
3년 이상 4년 미만	15
4년 이상 5년 미만	17
5년 이상 6년 미만	20
6년 이상	21

만약 재직기간별 연가 일수를 초과하는 휴가 사유가 발생했을 때는 아래 표에 기재된 만큼 그다음 재직 기간의 연가를 미리 사용할 수 있어요.

재직 기간	미리 사용 가능한 최대 연가
1년 미만	5
1년 이상 2년 미만	6
2년 이상 3년 미만	7
3년 이상 4년 미만	8
4년 이상	10

또한 근무 사항 중에 지각, 조퇴, 외출 역시 공무원 본인의 연가 일수 내에서 사용할 수 있는데요. 지각은 '근무 장소에 근

무 시작 시간 이후에 출근하는 것', 조퇴는 '근무 종료 시간 이전에 퇴근하는 것', 외출은 '근무 시간 중 개인 용무를 위하여 근무 장소 외부로 나간 후, 근무 종료 시간 이전에 돌아오는 것'을 의미합니다.

병가

병가는 질병 또는 부상으로 직무를 수행할 수 없거나 감염병에 걸려 다른 공무원의 건강에 영향을 끼칠 수 있을 때 사용할 수 있어요. 일반 병가는 연간 60일 이내에서 사용할 수 있고, 공무상 병가라면 연 180일 이내에서 사용할 수 있지만 승인이 필요해요.

공가

공가는 공무원이 국가기관의 업무 수행에 협조하거나 법령상 의무를 이행하기 위해 필요한 경우에 사용할 수 있는 휴가입니다.

특별 휴가

특별 휴가는 결혼을 하거나 경조사가 있는 등 사회 통념 및 관례상 특별한 사유가 있을 때 받을 수 있는 휴가입니다. 경조사

휴가, 출산휴가, 육아시간, 모성보호 시간, 가족 돌봄 휴가 등이 특별 휴가에 포함되지요. 공무원의 특별 휴가 중 경조사 휴가의 구체적인 종류와 사용 가능 일수는 아래와 같아요.

구분	대상	일수
결혼	본인	5
	자녀	1
출산	배우자	10
사망	배우자, 본인 및 배우자의 부모	5
	본인 및 배우자의 조부모, 외조부모	3
	자녀와 그 자녀의 배우자	3
	본인 및 배우자의 형제·자매	1
입양	본인	20

특별 휴가의 여러 항목 중에 많이 사용하는 것으로 출산 휴가가 있어요. 출산휴가는 90일을 사용할 수 있는데 출산 후의 휴가 기간이 45일 이상이 되도록 신청해야 합니다. 또한 인공수정이나 체외수정과 같은 난임 치료 시술 당일에 사용할 수 있는 난임 치료 시술 휴가, 생리일에 무급으로 신청할 수 있는 여성 보건휴가가 있어요. 특별 휴가 중에서 가장 최근에 만들어진 모성보호 시간과 육아시간은 사회적으로 큰 문제가 된 저출산 현상을 해소하기 위해 저출산 · 고령사회기본법 제8조

제2항에 기초해 마련되었고요. 연간 2일 범위에서 사용할 수 있었던 자녀 돌봄 휴가도 2020년부터 가족 돌봄 휴가로 명칭이 변경되며 직계가족을 대상으로 10일까지 사용할 수 있도록 확대되었답니다.

다음으로 휴직에 대해서도 간단히 설명해 볼게요. 공무원의 휴직제도는 법률 제19065호 교육공무원법 제44조에 따라 재직 중 일정한 사유로 직무에 종사할 수 없을 때 공무원의 신분을 보장하기 위한 제도랍니다. 크게 직권휴직과 청원휴직으로 나눌 수 있어요. 직권휴직은 인사권자의 권한으로 휴직 조치를 할 수 있는 것인데요. 질병 휴직, 병역 휴직, 생사불명, 법정 의무수행, 노조 전임자 휴직 등이 있습니다. 직권휴직과 다르게 교육공무원 본인이 신청하는 청원휴직에는 육아휴직, 유학 휴직, 고용 휴직, 입양 휴직, 불임·난임 휴직, 연수휴직, 가사휴직, 동반 휴직, 자율 연수휴직 등이 있어요. 여러 휴직 중 몇 가지를 조금 더 자세히 설명해 볼게요.

먼저 육아휴직은 만 8세 이하 또는 초등학교 2학년 이하의 자녀를 양육하거나 임신 또는 출산했을 때 자녀 한 명에 대해 3년 이내로 신청할 수 있는 휴직입니다. 해당 기간에 대해 경력을 인정받고요. 급여와도 관련 있는 호봉은 자녀마다 각각 1년만 인정받을 수 있어요. 봉급은 나오지 않지만 1년 이내에 월 봉급액의 일부를 수당으로 받을 수 있고요. 만 19세 미만의 아동을 입양하는 경우 6개월 이내로 입양 휴직을 신청할 수도 있어요. 불임·난임 치료를 위해 1년 이내에 불임·난임 휴가를 신청할 수도 있지요. 배우자가 국외 근무를 하는 경우에는 3년 이내, 최대 3년 연장의 범위에서 동반 휴직을 신청할 수 있고요. 3년 이상의 교육 실 경력이 있는 교사라면 해외 학위 취득을 위해 3년 이내, 최대 3년 연장의 범위에서 신청할 수 있는 유학 휴직, 국제기구나 국내외 대학 및 연구기관 등에 임시 고용되는 고용 휴직, 교육부장관 또는 교육감이 지정하는 연구기관에서 연수하게 된 경우 3년 이내의 연수휴직 등을 신청할 수 있답니다.

이러한 휴직을 신청하기 위해서는 적법한 사유가 있어야 하고 조건을 충족시켜야 해요. 경력이나 호봉을 인정하지 않는 휴직도 많고요. 하지만 근무하기 어려운 사유가 발생했을 때 퇴직하지 않고 신분을 보장받을 수 있다는 것은 교육공무원으로서 누릴 수 있는 가장 큰 복지가 아닐까 싶어요. 그 외에도 공무원을 대상으로 2005년부터 시행된 맞춤형 복지제도가 있어요. 공무원 개인에게 복지점수를 배정해 복지포인트로 제공하는데요. 복지포인트 중 일부는 의무적으로 가입해야 하는 생명/상해보험으로 지출하고, 나머지는 건강관리, 여가 활용

등의 목적으로 자유롭게 선택해 사용할 수 있어요.

(출처: 국가공무원 복무규정, 인사혁신처)

🔵 그럼 휴가나 휴직을 언제든지 자유롭게 쓸 수 있나요?

🔵 국가공무원 복무규정이나 교육공무원법 등 법령이 정한 사유에 해당하면서 조건을 충족한다면요. 과거에는 제도적 장치가 지금처럼 다양하지 못했고 눈치 보지 않고 쓸 수 있는 분위기도 아니었다고 들었어요. 선배 선생님들은 해마다 가르치는 아이들을 졸업시켜도 정작 자기 자녀의 입학식이나 졸업식에는 한 번도 가보지 못했다는 말씀을 많이 들었거든요. 지금은 그렇지 않죠. 저 역시 비슷한 경험이 있는데요. 첫째를 임신하고 출산했을 때는 모성보호 시간이나 육아시간이 없었어요. 둘째를 임신했을 때 처음으로 모성보호 시간이 도입되었는데 당시에는 임신 초기와 출산 직전에만 쓸 수 있었죠. 휴직 후에 복직하고 보니 육아시간이라는 것이 생겼더라고요. 눈치 보지 않고 쓸 수 있는 분위기도 조성되었고요. 시대가 흐를수록 사회적 요구에 맞게 교직 사회도 변화하고 있다는 것을 체감하고 있답니다.

정년과 노후 대책은 어떻게 되나요?

⚐ 정년과 노후 대책은 어떻게 되나요?

⚐ 현재 초등교사의 정년은 만 62세예요. 하지만 정년을 채우는 분들이 많지 않은 것이 현실이죠. 퇴직 후에는 재직 기간 중에 납입한 기여금을 매월 연금으로 받게 되고요. 본인이 희망하면 퇴직 시에 일시금으로 받을 수도 있어요.

⚐ 초등교사는 연금이 어떻게 나오나요? 20년 근속이면 바로 나오나요? 몇 세 이상부터 나오나요?

⚐ 공무원 연금이 여러 차례 개정되었고, 가장 최근에 바뀐 게 2015년 개정인데요. 초등교사의 정년퇴직 나이는 만 62세지만 연금 수령은 만 65세 이후부터 시작되는 것으로 바뀌었어요. 예전에는 20년 근속이면, 퇴직하는 즉시 지급이 되었지만요. 그리고 퇴직 후 수령하게 될 연금도 점점 줄어들게 될 거라고 해요. 지금의 초임 선생님들은 거의 국민연금 수준이라고 하더라고요.

 그래도 정년이 보장된다는 것에 대해서 사람들이 굉장히 좋다고 생각하잖아요.

 가장 큰 장점으로 생각하는 것 같아요. 워낙 청년 실업 문제가 심각하고, 사기업에서는 조기에 퇴직하는 경우가 많으니까요. 지금은 국민연금이 자리를 잡았지만 그전에는 공무원 연금이 특히 큰 장점이었죠.

 연세가 있는 선생님들은 어떤 학년을 선호하시나요?

 일단 초등학교 담임교사의 배치는 교사의 선호보다도 학교에서 정한 인사 규정에 의해서 결정되는 곳이 대부분이에요. 보통 인사관리위원회를 소집해 학년 배정 원칙을 결정하거든요. 그래도 결정 전에 희망하는 학년을 순서대로 적어서 제출하는데요. 제가 느끼기에는 선생님의 나이보다도 저학년과 고학년 중에 어느 쪽을 선호하는지와 같은 선생님의 성향이 더 많이 반영되는 것 같아요. 물론 연세가 있는 선생님들이 저학년을 주로 맡는 것도 사실이지만 항상 그렇지도 않거든요. 퇴직이 얼마 남지 않았지만, 중학년이나 고학년을 선호하는 분도 있었어요.

그래도 평균적으로 보자면 연세가 있는 선생님일수록 초등학교 저학년을 맡았을 때 그동안의 연륜이 더 빛을 발한다고 생각해요. 상대적으로 고학년에 비해 저학년 아이들은 하나씩 세세하게 알려주고 인내심을 가지고 기다려야 하는 것들이 많아요. 아무래도 오랜 경력과 노하우를 가지고 계신 선생님들일수록 아이들을 더 효과적으로 지도하실 수 있고요. 엄마, 때로는 할머니 같은 마음으로 아이들을 귀엽게 보고 사랑으로 품어주시거든요.

초등교사는 앞으로 우리 사회에서 어떤 의미가 있을까요?

편 요즘 인구 절벽이라고 표현하는데요. 당장 내년에 취학 연령 인구가 많이 감소한다고 하더라고요. 어떻게 생각하세요? 직업 초등교사는 앞으로 우리 사회에서 어떤 의미가 있을까요?

전 인터뷰를 처음 시작할 때 초등학교와 초등교사의 미래에 대해서 짧게 말씀드렸는데요. 저는 두 가지 측면에 관해 이야기해 볼게요. 먼저 미래사회에서 학교와 교사가 의미를 가질 수 있을까, 그리고 초등교사가 미래에도 매력적인 직업이 될 수 있을까 하는 것에 대해서요.

미래사회에서 학교와 교사가 가지는 의미

한 인간이 독립된 인격체로 성장해가는 과정에서 아동기는 사회의 규범과 가치를 배우는 시기이기 때문에 매우 중요해요. 특히 작은 사회와도 같은 학급 안에서 또래 친구들과 직접 경험해 보고 시행착오를 거치며 배우게 되죠. 그런 의미에서 본다면 과학기술의 발전으로 온라인 수업이 가능해지고 새로운 학습법이 무궁무진하게 개발되는 시대에 살고 있지만요. 미래에도 초등학교가 가진 고유한 기능은 완전히 사라지지 않을 것으로 생각해요. 그리고 학교가 그 역할을 온전히 하도록 이끌어가는 주체가 결국에는 교사이기 때문에 초등교사가 미래 사회에도 필요한 직업이 될 것입니다. 게다가 자아를 형성해가며 사회의 일원으로 성장해가는 이 시기 어린이에게 부모만큼이나 직접적인 영향을 끼치는 사람이 바로 교사죠. 따라서 한 사회가 바람직한 방향으로 발전하고 유지되기 위해서는 초등교사의 역할이 미래 사회에도 매우 중요하다고 생각해요.

직업인으로서의 교사

한때 여교사가 최고의 신붓감이라는 말이 있었어요. 사기업에 비해 정년까지 고용이 보장되면서 퇴직 후에는 공무원 연금을 받을 수 있고, 자녀 교육도 잘할 것이라는 기대감이 있었기 때문이죠. 하지만 여러 차례 연금 개혁을 거치며 연차가 낮은 젊은 교사일수록 앞으로 받게 될 공무원 연금의 혜택이 줄어들게 되었어요. 고용이 보장되었다고 하지만 급증하는 학부모 민원이나 업무 스트레스 등으로 어려움을 겪다가 정년을 채우지 못하고 중도에 명예퇴직하는 경우도 많고요. 설사 퇴직하지 않고 견딘다고 해도 정신적 스트레스가 많은 직업 중 하나인 것은 확실해요. 또 자신이 교사라 하여도 일하는 엄마이기 때문에 전업주부만큼 자녀 교육에 전념하기 힘든 것이 현실이지요.

그런데도 직업인으로서 초등교사가 가진 장점 또한 분명히 존재합니다. 갈수록 심화되는 고용 불안정 속에서 안정적인 직업인 것은 부정할 수 없거든요. 특히 여성은 임신과 출산으로 경력 단절을 겪는 경우가 많은데 초등교사는 휴직을 사용할 수 있고 복직도 보장되지요. 학생과 학부모 사이에서 겪는 정신적 스트레스만 극복할 수 있다면 초등교사는 매력적인 직업이에요. 무엇보다 초등교사는 자라나는 아이들을 위해 나의 노력이 쓰임 받을 수 있다는 것에서 큰 보람과 긍지를 느낄 수 있는 직업입니다. 또한 아이들과 함께하기 때문에 어려움도 크지만, 아이들의 순수한 마음에 감동과 즐거움을 느끼는 날도 많고요. 교대 입학생의 성비만 보더라도 남녀 구분 없이 초등교사를 희망하는 학생들이 많다는 것을 알 수 있어요.

다만 변화하는 시대상에 맞춰 교직도 변화되어야 할 필요는 있다고 봅니다. AI 기술이나 메타버스 등 학생들이 이미 가정과 사교육에서 경험하는 신기술을 공교육에도 적극적으로 접목해 창의적이며 효과적인 교수·학습법을 더욱 다양하게 모색해야 한다고 생각해요. 또 학습자 개인을 위한 맞춤형 개별 교육이 중요해지는 만큼 나와 다른 타인과 조화롭게 어울려

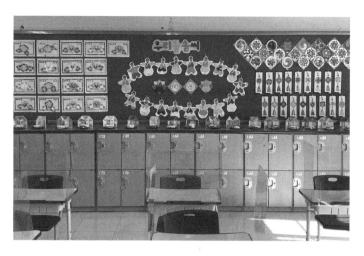

✦ 교실 뒤 게시판 ✦

★ 독후 활동(책표지 그리기) ★

살아갈 수 있는 사회성과 공감 능력, 그리고 공동체 의식을 공교육 현장에서 길러줘야 한다고 생각합니다. 아무리 기술이 발전하고 모든 것이 자동화된다고 해도 혼자 살아갈 수 있는 사람은 없거든요. 이러한 시대적 요구에 발맞춰 초등교육이 변화하고, 교육의 주체인 초등교사가 변할 때 미래 사회에도 우리 교육은 중요성과 가치를 인정받을 수 있으리라 생각해요.

초등교사와의
프리 토크
FREE TALK

학생들 이름을 다 외우는 게 힘들지 않나요?

🔵**편** 학생들 이름을 다 외우는 게 힘들지 않나요? 이름이 정말 안 외워지는 아이들도 있나요?

🔵**전** 갑자기 저희 반 아이들이 생각나네요.^^ 비슷한 시기에 태어난 아이들 사이에 이름도 유행이 있는데요. 저희 반에 시우와 서우가 있어요. 평소에는 거의 실수하지 않는데 가끔 급하게 불러야 할 때는 저도 모르게 바꿔 부르기도 하거든요.

"선생님, 저 시우 아닌데요?"

"어머, 미안해. 우리 서우 이름 선생님이 잘 알지. 선생님이 마음이 급해서 실수했네. 미안"

그러면 또 마음이 금방 풀어져서 웃고 들어가요. 이름을 못 외우지는 않는데 이제 나이를 먹어서 그런지 머리와 다르게 입에서 이름이 잘못 나올 때가 종종 있어요. 비슷한 이름이 많더라고요.

아이들 이름은 생각보다 금방 외워요. 초등교사는 매일 아이들과 한 교실에서 생활하고, 수업 시간마다 아이들 눈을 마주 보고 이름을 부르니 일주일이면 다 외울 수 있거든요. 오히려 아이들 만나기 전에 이름을 외워서 첫날 불러주려고 하죠.

그래서 2월 말에 우리 반 명렬표를 받으면 아이들 이름부터 외워요. 그리고 해마다 첫날 아이들을 만나면 개인 사진을 찍어두는데요. 아이들 사진 밑에 이름을 써서 편집해놓고 얼굴과 매치해서 외워요. 교실에 붙여놓고 아이들도 친구 얼굴과 이름을 알 수 있게 해놓고요. 요즘은 마스크를 쓰고 수업하기 때문에 전보다 어렵더라고요. 그리고 아이들을 처음 만나는 날 자리를 정해주는데 보통 출석번호대로 앉게 해요. 이렇게 번호순으로 앉아야 아이들이 1년 동안 사용할 자기의 출석번호를 쉽게 외울 수 있어요. 담임교사 역시 아이들 앉은 순서대로 표를 만들어 교사용 책상에 붙여놓고 참고하고요. 여러 학급에 들어가 수업하시는 교과 담당 선생님도 수업하실 때 참고하세요.

이제 막 입학한 1학년은 교실을 찾기도 어려워서 반별로 색을 정해 만든 이름표를 걸고 다니게 하는데요. 그렇게 선생님과 친구들이 이름을 외워요. 다른 학년들은 학기 초에 또래집단 활동으로 나를 소개하는 팻말 만들기 같은 수업을 해요. 친구들에게 나를 소개하고 자리에 붙여놓으면 아이들이 서로 보면서 이름도 알 수 있고, 발표할 때 관심사가 비슷한 친구들끼리 모여서 쉬는 시간에 얘기하면서 친해지기도 하죠. 교사들도 아이를 이해하는 데 참고하고요. 나름의 교육 노하우로 이름은 금방 외울 수 있답니다.

편 학교 폭력이 많나요?

전 그렇죠. 갈수록 더 빈번해지고 심해진다고 느껴요. 교사로서 체감하기에도 그렇지만 실제 학교 폭력에 대한 조사 결과도 그렇더라고요. 지난해 9월 교육부에서 2022년 1차 학교 폭력 실태조사 결과를 발표했어요. 16개 시도교육감이 초·중·고등학교 학생의 82.9%인 321만 명을 대상으로 실시한 조사에서 지난해 학교 폭력 피해 응답률이 1.7%(5.4만 명)로 나타났는데요. 2021년 1차 1.1%, 2019년 1차 1.6%에 비하면 늘어난 수치입니다. 학교급별로는 초등학교 3.8%, 중학교 0.9%, 고등학교 0.3%로 나타나 모든 학교급에서 증가한 양상을 보였어요. 초등학교에서 가장 많은 학교 폭력 피해 응답이 있었고요.

그동안의 조사 결과와 비교해 보더라도 코로나19로 인해 등교하지 못했던 2020년을 제외하면 점점 증가하는 양상을 보이고 있죠. 특히 코로나19 이전인 2019년과 비교해 봐도 2022년에 더 증가했다는 결과가 나타났어요.

구체적으로 피해 유형을 살펴보면 언어폭력(41.8%), 신체폭력(14.6%), 집단따돌림(13.6%)으로 나타났어요. 학교급 중 초등학교에서 가장 결과가 높게 나타났고요. 이에 대해 한유

피해 응답 인원 및 응답률

학교급별 피해 응답률(%)

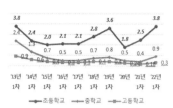

(2021년~2022년) 피해 유형별 비중(%)

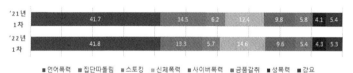

학교급별 피해 유형 비율(%)

출처: 교육부

경 이화여자대학교 학교폭력예방연구소 소장은 초등학생이 학교 폭력 감지 민감도가 높아 습관적 욕설이나 비속어 사용에 더 민감하게 인식했을 가능성이 있다고 언급했는데요. 이와 같은 학교 폭력이 발생하지 않도록 또래 사이의 갈등을 슬기롭게 해결하고 문제상황이 발생했을 때 즉각 도움을 요청할 수 있도록 지속적으로 교육해야 합니다.

실제 초등학교에서는 학기마다 철저하게 학교폭력예방교육을 실시하고 있어요. 내가 존중받고 싶은 만큼 타인을 존중하는 태도를 기르도록 돕고, 친구와의 갈등을 폭력이 아닌 방식으로 슬기롭게 해결하도록 지도하죠. 특히 초등교사는 학생들과 교실에서 함께 지내면서 평상시에 학생들 사이에 일어나는 다툼과 갈등에 대해 생활 지도를 해요. 쉬는 시간에도 아이들이 선생님에게 얘기하러 많이 오거든요. 쟤가 지나가면서 쳤다고 얘기해서 불러보면, 친 게 아니라 지나가다 좁아서 부딪혔고, 일부러 그런 건 아니라고 해요. 이런 사소한 실수나 오해를 아이들 스스로 해결하지 못하면 결국엔 학교 폭력으로 가죠.

편 사실 어른들이 개입되면 부모들의 싸움이 되잖아요. 그럼 정말 힘드실 것 같아요.

전 그렇죠. 아이들의 작은 오해가 부모들의 싸움이 되기도 해요. 고소나 재판으로 가기도 하는데, 그런 일을 경험하면 담임교사 역시 많이 힘들어요. 어쨌든 피해자가 생기지 않는 게 제일 중요하잖아요. 재발 방지도 중요하고요. 그런데 일방적인 가해자와 피해자가 없는 경우가 대다수예요. 아이들이 자신과 다르다는 것을 포용하고 이해하지 못하면 문제가 생기는데, 그게 어른들의 문제로 확대되면 걷잡을 수 없이 더 커지는 거죠. 그 단계까지 가지 않도록 초기에 담임교사가 개입해서 양쪽의 이야기를 들어보고, 서로 용납하고 화해할 수 있는 선에서 끝나면 좋지만, 화해가 안 되는 경우들이 있잖아요. 특히 폭력을 썼을 경우는 문제가 심각하죠. 직접 때리는 문제도 크지만 언어폭력 문제도 심각하고요. 예를 들어 고학년 아이들은 단체 메신저방을 만들어서 원하지 않는 아이를 계속 불러 가해하는 경우도 있거든요. 그렇다고 교사가 일방적으로 메신저를 못 하게 강제할 순 없어요. 담임선생님으로서 단톡방을 안 만들면 좋겠다고 당연히 이야기하지만, 아이들의 자유이기도 하니까요.

🔵편 학교 폭력 업무도 담임선생님이 하시나요?
🔵전 학교마다 학교 폭력 업무 담당 선생님이 계세요. 사안이 발생해 학교폭력위원회가 소집되면 담당 선생님이 일을 처리하죠. 그런데 담당 선생님은 그 아이에 대해 잘 모르잖아요. 평상시에 마찰이 있었다거나 어려움이 있었다든가 하는 것들이

요. 그래서 사안 조사를 하다 보면 담임선생님의 도움을 받을 수밖에 없어요. 아이들의 기록을 수집하고 대화를 나누어봐야 하므로 기본적으로는 업무 담당자가 하는 게 맞지만, 담임선생님이 완전히 빠져 있을 수도 없는 거죠.

📧 학폭이 터지면 담임선생님은 철저하게 중립적인 위치에 있어야 하겠네요.

전 그렇죠. 실제로 이런 부분에서 문제가 되는 경우가 많아요. 어쨌든 선생님은 중립적으로 양쪽의 이야기를 다 들어보려고 하는데, 학부모 입장에서는 누가 봐도 우리 아이가 피해자인데, 우리 편을 안 들어주는 것 같다고 받아들이는 거죠. 그래서 어떤 경우에는 교사의 책임으로 전가되기도 해요. 교권침해 사례로 발전하기도 하고요. 그렇게 되면 담임선생님이 학부모님께 그런 부분을 잘 설명해 드려야 해요. 그런 부분에서 피로감이 느껴지는 거죠. 학교 현장이 과거와 많이 달라졌다고 느끼고요. 물론 아이들과 좋은 관계를 맺고 열심히 노력하는 선생님의 마음을 잘 이해하고 응원해 주는 분들이 훨씬 더 많지만요.

수업을 방해하는 아이와 방해받는 아이

(편) 어떤 아이가 수업을 방해하면 다른 아이들의 학습권과 그 아이의 학습권을 어떻게 조율해야 하나요? 참 어려운 문제예요.

(전) 수업을 방해하는 아이도, 학급 안의 다른 아이들도 모두 학습권이 있어요. 딜레마죠. 선생님들도 많이 조심하세요. 분노하고 있는 아이에게 잠깐 나가서 화를 가라앉히고 들어오라고 하는 것도 보는 사람에 따라서는 문제가 돼요. 왜냐하면 이 아이의 학습권이 보장되지 않았으니까요. 그런데 동시에 다른 아이들의 학습권이 침해받고 있는 거예요. 그 아이로 인해 수업이 진행되지 않고, 그 아이의 폭력적인 행동을 목격하면서 같은 반 아이들이 스트레스를 받게 되지요. 때로는 학습하게 될 수도 있고요. 이럴 때 과연 담임교사로서 어떤 판단을 해야 할까요? 점점 더 어려운 것 같아요.

(편) 개인의 생각이 강해지고 법률도 복잡해지니까 더 어려워지겠네요. 위(Wee) 클래스는 어떤 역할인가요?

(전) 학생들의 건강하고 즐거운 학교생활을 지원하기 위해

2008년에 시작된 것이 위(Wee) 프로젝트인데요. 학생들을 돕기 위해 학교, 교육청, 지역사회가 연계하는 통합지원 서비스망이에요. 그중 학교에 설치된 것이 위(Wee) 클래스입니다. 보통 전문상담교사 선생님이 근무하며 주의산만이나 대인관계의 어려움과 같은 학생들의 다양한 문제에 대해 상담이나 교육을 진행해요. 위(Wee) 클래스는 학생이나 학부모가 직접 신청할 수도 있고 담임선생님이 의뢰할 수도 있어요. 2021년 8월 기준으로 학교에 개설된 위(Wee) 클래스는 8,059개에 달하는데요. 만약 다니는 학교에 위(Wee) 클래스가 없다면 교육지원청에 있는 위(Wee) 센터를 이용할 수도 있어요. 그리고 교육청에는 위(Wee) 스쿨, 가정형 위(Wee) 센터, 병원형 위(Wee) 센터, 학교 폭력 피해 학생 전담 지원기관, 학교 폭력 가해 학생 특별교육 이수 기관, 117 신고센터 등이 마련되어 있어요.

(출처: 한국교육개발원 위(Wee) 프로젝트 연구·지원센터)

앞에서 질문하신 것처럼 수업을 방해하는 학생이 있다면 일차적으로 담임교사가 지도하지만 수업에 심각한 지장을 초래하거나 지나치게 폭력적인 모습으로 분노를 표출하는 경우는 즉각적으로 위(Wee) 클래스에 도움을 요청할 수 있어요. 학생의 문제 행동을 개선하기 위해 지속적인 상담과 교육을 할 수 있죠. 만약 학교에 설치된 위(Wee) 클래스에서 개선이 어려울 정도로 심각한 경우에는 교육지원청이나 외부 기관과 연계해 지도할 수도 있어요.

AI 교과서에 대해 어떻게 생각하세요?

편 AI 교과서에 대해 어떻게 생각하세요?

전 과학기술이 발달함에 따라 사람들의 생활양식이 달라지는 것은 당연하죠. 스마트폰이 보급되면서 휴대폰으로 결제도 가능해지고, 자율주행 자동차와 전기차가 보급되고 있어요. 우리 사회는 이제 4차 산업혁명을 마주하게 되었는데요. 그 주인공으로 AI^{Artificial Intelligence}, 인공지능을 꼽을 수 있어요. AI는 미래 사회에 필수적인 기술로 인식되면서 학교 현장에도 여러 변화를 가져왔어요. 이미 6학년 실과 수업에서 코딩을 배울 수 있는 교구를 활용하고 있고요. 2024년부터 학교 현장에 적용될 2022 개정 교육과정에서는 코딩 교육을 본격화하려고 준비하고 있죠.

AI 기술은 학생 맞춤형 교육을 실현하는 도구가 될 거예요. 우리나라 교육에서 극복해야 할 문제로 오랫동안 언급되었던 문제가 바로 수준별 맞춤형 교육이죠. 과거에는 학생들의 수준에 따라 학급을 분리해 수업하기도 했고, 자기 스스로 수준을 평가한 뒤 심화형과 보충형 문제를 선택해 풀 수 있도록 교과서가 개편되기도 했어요. 그러나 교사 한 명이 20명이

200

넘는 학생을 한 학급에서 동시에 가르치는 현 상황에서 온전한 의미의 수준별 학습은 이루어지기 어려워요. 게다가 저출산 문제로 취학 연령의 아이들이 줄어들자 임용하는 초등교사의 수도 줄이고 있는 상황에서 입학하는 아이들의 숫자가 줄어든다고 학급 당 학생 수가 획기적으로 줄어들지 않을 거거든요. 다인수 학급에서 달성하기 어려운 수준별 학습을 AI 교과서를 통해 시도해 볼 수 있어요. 학생의 수준을 객관적으로 평가하고, 학생에게 맞는 과제를 AI가 찾아 제시함으로써 효과를 낼 수 있죠.

다만 AI 교과서가 학생 맞춤형으로 개발되고 보급된다고 하더라도 사용자를 위한 교육이 병행되지 않으면 의미가 없을 거예요. 일례로 코로나19가 확산하여 등교하지 못하고 가정에서 온라인 수업을 했던 2020년의 경우, 초등학교에서는 EBS를 활용한 온라인 수업을 실시했고, 태블릿 PC를 가정에 대여해 주었죠. 또 사교육 시장에서는 빠르게 변화를 감지하고 새로운 콘텐츠를 개발해 태블릿 PC로 공부하는 학습 서비스의 가입자를 늘렸고요. 태블릿 PC를 이용한 개인 맞춤형 온라인 학습은 종이책의 한계를 뛰어넘어 실감 나는 시청각 자료를 제공해 학생들의 이해를 도왔어요. 또 학습 게임이나 재미있는 콘텐츠를 제공해 학생들의 흥미를 끌고 예습, 복습에 도움이 되기도 했죠. 하지만 결국 그것도 하나의 발전된 수단과 도구일 뿐 사용자가 바른 학습 태도를 가지고 집중하지 못한다면 유명무실해요. 오히려 학생들의 주의를 끌만큼 눈에 띄는 영상이나 학습 게임이 아니라면 더 집중하지 못하는 결과가 나타나기도 해요. 따라서 발전하는 학습 도구와 기술을 어떻게 활용할 것인지에 대한 교육과 철저한 준비가 필요하다고 생각합니다.

오랫동안 기억에 남는 학생들이 있나요?

편 오랫동안 기억에 남는 학생들이나 지금까지 연락을 주고 받는 학생들이 있나요?

전 처음 담임했던 6학년 아이들이요. 그때는 저보다 한참 어린아이들이라고만 생각했는데 얼마 전에 전화가 와서 물어보니 벌써 스물아홉 살이 되었더라고요. 명절마다 전화하고, 군대 간다고 전화하고, 휴가 나왔다고 전화하고 그러더라고요. 처음 졸업시켰을 때는 아이들이 진학한 중학교가 바로 근처에 있어서 방과 후에 많이 찾아왔어요. 주말에도 만나서 맛있는 것도 사주고요. 그러다가 제 연락처도 바뀌고 휴직도 오래 했고 근무 학교도 먼 곳으로 달라져서 연락이 끊겼는데, 어느 날 갑자기 학교로 찾아왔더라고요. 수소문하다가 학교 이름을 알게 되어서 무작정 찾아왔다는데 정말 신기했어요. 6학년이었던 아이들이 이제는 결혼해서 아이도 낳고, 의젓한 성인이 되어서 직장 생활하는 것을 보니 기분이 참 묘하더라고요. 같이 나이 들어간다는 생각에 신기하기도 하고요. 다행스럽게도 잘 자라주어서 감사했죠. 아이들이 몸과 마음이 건강한 사람으로 잘 자라주는 게 교사에게는 가장 큰 보람과 기쁨이에요.

게임이나 유튜브 중독이
학교생활에 영향이 있나요?

편 게임이나 유튜브 중독이 학교생활에 영향이 있나요?

전 그렇죠. 게임이나 영상물이 우리 아이들의 삶에 깊이 들어와 있다는 것은 모두 잘 아실 거예요. 이제는 우리나라가 전 세계 미디어 콘텐츠 산업의 중심이기도 하고요. 이것을 어떻게 교육적으로 잘 활용하느냐, 일상생활에 집중하기 어려운 중독 상황으로 가느냐는 초등학교 시절의 미디어 리터러시 교육과도 관련이 깊어요. 미디어에 노출되는 아이들의 연령이 점차 어려지고 있으니까요.

　　게임이나 유튜브와 같은 미디어 중독이 학교생활에 미치는 영향을 알아보기 위해 먼저 최근의 통계를 살펴볼게요. 한국교육개발원에서 전국 초 · 중 · 고등학생 약 10만 명을 대상으로 실시한 2021 게임 과몰입 종합 실태조사 결과에 따르면 게임 이용에 문제가 많은 과몰입군과 과몰입위험군이 3.5%, 게임을 건전하게 사용하는 게임선용군이 24.1%, 문제도 없고 긍정적 결과도 없는 일반사용자군이 53.3%, 게임을 하지 않는 비사용자군이 19.1%로 나타났어요. 성별로 보면 남학생이 여학생보다 게임을 많이 하는 것으로 나타났고, 가장 많이 이용

청소년의 기타 특성 차이: 게임행동 유형별

(단위 : %)

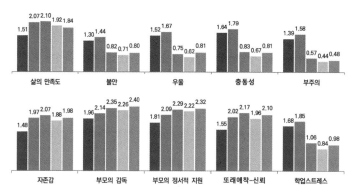

출처: 한국콘텐츠진흥원, 한국교육개발원

하는 게임 기기는 스마트폰(52.4%), 컴퓨터·노트북(36.5%)의 순으로 나타났지요. 특히 초등학교에서 스마트폰을 이용해 게임을 하는 비율이 가장 높았답니다. 또한 게임선용군에서 삶의 만족도, 자존감, 또래 애착 및 신뢰 등의 항목이 높게 나타난 반면, 과몰입군은 불안, 우울 등의 지표가 높게 나타났어요. 또 과몰입위험군은 불안, 우울, 충동성, 부주의, 학업 스트레스 등 부적응적인 특징이 모두 높게 나타났고요.

그리고 초등학교 1~3학년 학부모를 대상으로 자녀의 게임 이용 실태에 대해서도 조사했는데 과몰입군 1.7%, 과몰입

초등학교 4~6학년의 게임 시작 시기

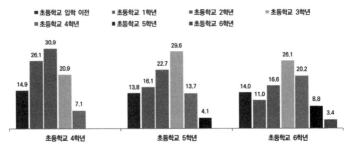

(단위 : %)

출처: 한국콘텐츠진흥원, 한국교육개발원

위험군 2.5%, 게임선용군 15.6%, 일반사용자군 62.4%, 비사용자군 17.7%로 나타났어요. 모든 게임 행동 유형에서 스마트폰을 이용하는 비율이 가장 높았고요. 나이가 어릴수록 게임을 시작하는 연령이 낮아지고 있다는 것을 확인할 수 있었어요. 종합적인 연구 결과에서 초등학교 저학년은 청소년보다 게임을 이용하는 비율이 더 높지만 긍정적 결과를 얻는 비율은 훨씬 낮게 나타났고, 게임 이용에 문제가 있는 비율도 청소년보다 더 높게 나타났어요.

　위의 연구 결과에서 살펴볼 수 있듯이 게임을 적절히 잘 활용하면 긍정적인 결과를 얻을 수도 있지만 특별한 주의 없이 바르지 못한 방법으로 몰입하면 불안과 우울, 충동성 등이 높아질 수 있어요. 더구나 문제는 이러한 미디어에 중독되는 아이들의 연령이 어려진다는 것이죠. 이렇게 어려서부터 미디어에 무분별하게 노출되면 일상생활을 정상적으로 하기 힘들어져요. 주의 집중하기 어렵고 충동성이나 우울감이 커질 수 있죠. 그리고 게임은 일종의 가상현실이잖아요. 그 안에서 많은 시간을 보내고 중독 수준이 된다면 현실 감각에 문제가 생긴다고 생각해요. 특히 이 시기의 아이들은 절제하는 걸 배우는 게 굉장히 중요해요. 자기 절제는 결국 아이가 독립된 인간으로 설 수 있는 밑바탕이고, 그래야 아이 스스로 긍정적인 자아상을 가지고 자신감을 가질 수 있거든요. 스스로 자립하지 못하는 아이들은 친구나 부모님, 게임, 인터넷 등 뭔가에 계속 의존하게 되고, 자신감을 가지기 어려워요. 예를 들어 새 학년이 됐을 때, 낯선 환경에서 새 친구를 사귀어야 하는데, 그게 아이들에게 심리적인 압박이 되거든요. 그런 상황에서 불편함을 감수하고 친구들에게 먼저 다가가려는 노력이 필요한데, 게임이나 인터넷 세계로 회피해 버리면 그런 걸 절대 연습할 수 없겠죠. 그래서 미디어에 중독되고 의존하는 상황은 막아야 한다고 생각해요. 초등학교에서 미디어 교육이 더 중요해지는 이유입니다.

초등학교 통지표에 나오는 성적이 중요한가요?

편 초등학교 통지표에 나오는 성적이 중요한가요?

전 초등학교 생활통지표에는 학생의 교과 학습 발달 상황, 교과 평가, 출결 상황, 창의적 체험활동 상황, 행동 특성 및 종합 의견 등이 기록됩니다.

2015 개정 교육과정은 과정 중심 평가에 기반해 학생 사이의 경쟁을 통한 점수가 아닌 학생 개인의 발달 상황과 성취수준에 대해 기록하고 있는데요. 학습의 결과만이 아닌 학습의 과정에 대해 평가하고 학생이 스스로 자신의 학습을 점검할 수 있도록 피드백해 학생 모두가 교육목표에 도달하도록해요. 또 인지적 능력뿐 아니라 정의적 능력도 균형 있게 평가하고요. 이를 위해 서술형, 논술형, 수행평가 등 다양한 방법을 활용합니다.

창의적 체험활동에서는 학생이 교육과정을 통해 경험한 것과 개인의 특기사항들을 자세히 적고, 종합의견에는 학생의 인지, 정서, 활동 등 여러 측면에 대해서 세심하게 관찰해 행동 발달사항을 담임교사가 기록해요. 초등학생들은 아직 연령이 어리고 발전 가능성이 무한하기 때문에 부정적인 측면보다는 긍정적인 면에 집중해 적어요. 따라서 만약 부정적으로 서술된 부분이 있다면 객관적으로 어떤 부분이 부족한지, 앞으로 어떤 노력이 필요한지 점검해볼 필요가 있어요.

자녀와 같은 학교에 있게 되면 어떤가요?

🔵 자녀와 같은 학교에 있게 되면 어떤가요?

🔵 음, 장단점이 있어요. 아무리 초등교사여도 결국에는 일하는 워킹맘인데요. 자녀와 한 학교에 다니게 되면 함께 등교하기 때문에 아침 등교를 조금 더 살필 수 있다는 장점이 있어요. 손이 많이 가는 저학년일수록 더 그렇죠. 단점은 내 자녀가 본교 선생님의 자녀여서 특별하게 대우받는다는 오해를 학부모나 동료에게 받고 싶지 않아서 아이 행동을 더 많이 단속하고 조심시키는 경우가 많다는 거예요. 또 근무지와 거주지의 거리가 먼 경우에는 선생님인 부모님을 따라 함께 등하교하다 보면 정작 아이가 동네 친구를 사귀기 어렵다는 단점도 있고요.

같은 학교에 근무했던 선생님 한 분은 경기도에 거주하면서 서울로 출퇴근하셨는데요. 일찍 집을 나서야 하는데 아이를 돌봐줄 사람이 없어서 데리고 다니셨어요. 아이는 경기도에 사는데 서울로 학교에 다니니까 동네 친구가 전혀 없는 거죠. 물론 동네 놀이터에서 친구를 사귀기도 했지만 아무래도 같은 학교에 다니는 친구들처럼 만날 기회가 많지 않으니까요. 저학년 때는 손이 많이 가지만, 또 잠깐이잖아요. 요즘 아이들은 야무져서 2학년만 되어도 엄마의 도움 없이 충분히 혼자 등교 잘하거든요. 그래서 조금 힘들더라도 따로 다니는 경우도 꽤 많은 것 같아요.

매일 반복되는 일상이 지루하진 않나요?

편 매일 반복되는 일상이 지루하진 않나요?

전 고3 때 입시 상담을 하면 담임선생님은 교대 진학을 많이 추천하셨어요. 교대가 IMF 이후 인기가 급상승한 시기였고, 적성에도 잘 맞을 것 같다고 하셨거든요. 그때 선택을 고민하게 했던 가장 큰 이유가 매일 학교에서 평생을 근무하면 답답하거나 단조로울 것 같다는 생각이었죠. 하지만 막상 초등교사가 되어 학교에 와서 아이들을 만나보니 매년 내가 만나는 아이들은 새로 바뀌기 때문에 작년과 올해가 전혀 같지 않더라고요. 또 교육과정 역시 일정한 주기로 계속 바뀌고 있어서 달라진 교육과정과 교과서에 맞게 연수를 끊임없이 받아야 하고요. 또 초등교사는 매년 60시간 이상의 직무연수를 받도록 권고하고 있는데 아이들에게 더 특별한 경험을 만들어주고 싶은 교사의 욕심과 바람으로 여러 분야의 다양한 연수를 듣다 보면 항상 새로운 것을 배운다는 성취가 있어요. 약 20년이 되도록 근무하며 만난 많은 선생님들을 보면 음악이든 미술이든 국어교육이든 체육 지도든 자신만의 특기를 끊임없이 계발하고, 아이들 교육에 적용하고, 동료 교사들에게 좋은 수업 아이디어를 공유하는 분들이 정말 많아요. 사회는 계속 변하고 그 주기가 점점 더 짧아지고 있기 때문에 과거에 내가 배운 교육을 아이들에게 그대로 전수하는 시대는 이미 오래전에 끝났죠. 항상 달라지는 사회적 요구에 맞게 교사도 계속 배워야 하고, 배운 것을 잘 가르치는 방법을 끊임없이 연구해야 하는 직업이에요. 그래서 지루할 틈이 없답니다.

학부모님들과 어떻게 소통하나요?

🔵 학부모님들과 어떻게 소통하나요?

🔵 초등학교 학부모님들은 중고등학교에 비해 아이들에게 관심과 걱정이 더 많으세요. 특히 초등학생 중에서도 저학년으로 갈수록 더 관심이 많고 걱정도 많죠. 그래서 담임교사에게 자주 전화나 문자로 궁금한 것들을 물어보세요. 우리 학급에서는 교실 전화로 학부모님의 문의 전화를 받아 설명해 드리거나, 학급 알림장 앱에 전달 사항이나 질문을 댓글로 남기면 답변해 드려요. 그리고 아이들이 수업하는 모습을 틈틈이 찍어 학급 알림장 사진첩에 올려서 보내드리고, 아이들이 학습한 내용에 관해 설명이 필요하거나 과제를 자세히 안내해야 할 때는 알림장 앱에 더 자세히 써서 설명해 드리고요. 궁금한 사항은 게시글에 댓글로 문의하기 때문에 거기에 답변하거나 직접 전화를 드리죠. 그리고 아이들이 친구와 다투었거나 학교생활에 어려운 점이 있으면 언제든 문의해 주시라고 늘 말씀드리는데, 실제로 학급으로 전화가 많이 와요. 그때마다 친절하게 답변해 드리면 걱정했던 부분을 해결했다며 고마워하신답니다.

모든 과목의 수업을 하는 게 힘들지 않나요?

(편) 모든 과목의 수업을 하는 게 힘들지 않나요?

(전) 저는 오히려 여러 과목을 가르칠 수 있어서 좋아요. 초등교사가 적성에 잘 맞는다는 증거일까요.^^ 선생님마다 다르겠지만 저는 어릴 때부터 국어, 수학, 사회, 과학 같은 주지교과부터 음악, 미술 같은 예체능까지 두루 좋아했어요. 책 읽기를 좋아하고 글짓기도 잘해서 고등학교 때는 전국 국어 경시대회에서 수상하기도 했고요. 음악이나 미술도 곧잘 했어요. 그래서인지 학생들에게 여러 과목을 다양하게 가르칠 수 있어서 더 즐겁고 신이 나요. 다만 중등교사의 경우에는 수업 연구를 깊이 하고 한 차시의 수업을 여러 반에서 지도하는 반면에 초등 담임교사는 매 차시 수업을 모두 준비해야 해서 더 힘든 점은 있어요. 예를 들어 오늘 5교시까지 수업이 있으면 다섯 차시의 수업 연구를 미리 해야 하죠. 물론 중등교사는 같은 수업을 여러 반에서 할 수 있는 대신 반마다 아이들의 성향이나 수업 태도가 다르기 때문에 더 힘들 수 있고요. 초등교사는 담임교사로서 우리 반 아이들에 대해 세심하게 파악하고 있어 그런 어려움은 덜해요.

초등학생 시절이 왜 중요하다고 생각하세요?

편 초등학생 시절이 왜 중요하다고 생각하세요?

전 초등학교는 아이의 첫 학교생활이자 사회의 규범과 가치를 본격적으로 배우는 첫걸음이에요. 이후에 계속해서 이어질 성장과 변화의 밑바탕이 되는 시기이고요. 초등교육에서 가장 중요하게 여겨지는 두 측면이 기초 학습 능력과 기본 생활 습관을 기르는 것인데요. 이것을 몸으로 익히고 체득할 수 있는 시기가 초등학생 시절이기 때문에 중요합니다.

초·중·고등학교 12년의 교육과정은 과목을 막론하고 탑을 쌓아가는 것과 같아서 기초가 탄탄해야 흔들리지 않고 깊이 있게 탐구하고 배울 수 있거든요. 요즘은 선행학습이 교육 트렌드로 유행하고 있지만 현행 교육과정을 탄탄하게 익히고 완벽하게 소화하지 못한 채 빠르게 달리기만 하는 것은 언젠가는 허물어질 탑을 그저 남들보다 빨리 쌓기만 하는 것과 같아요. 실제로 중학교 수학을 따라가지 못해서 초등학교 5학년 수학으로 다시 돌아오는 경우도 많죠. 따라서 학습에 공백이 생기지 않도록 원리를 완벽하게 이해하고 같은 문제에 대해서도 다양하게 접근하며 생각하는 힘을 기르는 것이 중요합니다.

세 살 버릇 여든 간다는 속담이 있죠. 초등학생 시절에 반복해서 경험으로 익힌 생활 습관과 태도는 평생 이어져요. 나의 생활을 돌아보고 절제하며, 다른 사람을 위해 양보하고 배려할 줄 아는 마음, 스스로 실천해 보고 실패하더라도 두려워하지 않고 다시 도전해 보는 용기를 경험하며 아이들은 성장하죠. 또 사람에 대한 믿음과 열린 마음도 이때의 경험을 통해 형성되고요. 따라서 하나씩 직접 경험하며 배우고 긍정적인 삶의 태도를 가질 수 있는 초등학생 시절을 즐겁고 의미 있게 보내는 것이 매우 중요합니다.

✦ 현장체험학습 ✦

선생님께서 꿈꾸는 교실은 어떤 모습인가요?

편 선생님께서 꿈꾸는 교실은 어떤 모습인가요?

전 제가 처음으로 담임을 했던 18년 전에 만든 학급 교육의 철학이 있어요. '꿈사랑'인데요. '꿈을 키우고 사랑을 나누는 아이들'이라는 뜻으로 정한 이름이었어요. 앞에서 초등교사의 역할 중에 학급 운영이라는 부분이 있다고 말씀드렸죠. 우리 아이들이 저와 함께 시간을 보내며 자신의 꿈을 발견하고 키워갈 수 있다면, 함께하는 친구들에게 먼저 사랑을 베풀고 나눌 수 있는 마음 따뜻한 사람으로 성장할 수 있으면 좋겠다는 생각으로 학급 운영의 모토를 정하고 교사로서의 삶을 시작했죠.

제가 꿈꾸는 교실은 바로 그런 교실이에요. 아직은 나에 대해서 잘 모르고, 이 세상에 얼마나 많은 세계가 있는지 이제 배워나가야 할 아이들이 자신의 꿈을 발견하고 그 꿈을 크게 키워나갔으면 좋겠어요. 저도 어릴 때 꿈이 정말 많았거든요. 피아노를 배우면 피아니스트가 되고 싶고, 과학책을 읽다 보면 의사가 되고 싶고, 소설책을 읽다 보면 작가가 되고 싶기도 했죠. 내가 과연 할 수 있을까, 설마 될까 하는 마음으로 나를 제한하지 말고 나의 가능성을 크게 바라보고 노력했으면 좋겠어요.

그리고 그 길을 걸을 때 곁에 있는 사람들을 둘러보며 함께 손잡고 걷는 여유와 따스함이 있었으면 좋겠어요. 요즘은 다들 빨리 걸으라고 하잖아요. 남들보다 빠르게, 심지어 뛰어서 앞서가라고요. 하지만 우리 아이들은 나와 다른 타인을 이해할 수 있는 포용력과 공감, 배려하는 마음을 키웠으면 합니다. 그저 빨리 걸어가기만 하는 건 너무 힘들잖아요. 친구들과 부딪히며 갈등을 해결하는 방법도 배우고, 내가 재미있어하는 것들을 깔깔대며 이야기도 나누어보고요. 나중에 어른이 되어서도 추억할 수 있는 행복한 순간들을 많이 만들며 오래오래 좋은 친구로 서로에게 남기를 바랍니다. 때로는 갈등이나 어려움도 있겠지만 그때마다 슬기롭게 이겨내면서 말이죠. 꿈을 키우고 사랑을 나누는 즐거움과 행복이 있는 교실로 만들어가는 것이 교사로서 가진 저의 바람입니다.

선생님은 앞으로 어떤 교사가 되고 싶으세요?

편 선생님은 앞으로 어떤 교사가 되고 싶으세요?

전 아이들이 오늘 하루 학교에서 행복했다고 느낄 수 있도록 돕는 선생님이 되고 싶어요. 사실 너무 어려운 숙제죠.^^ 제가 지금 1학년 아이들을 지도하고 있는데요. 아이들과 대화를 나누어보면 아이들은 대부분 행복하다고 해요. 거창한 이유는 없어요. 오늘 친구랑 재미있게 놀아서 행복하고, 점심 급식으로 나온 반찬이 맛있어서 행복하고, 선생님과 수업 시간에 했던 학습 활동이 재미있어서 행복하다고 하거든요. 1학년 아이들은 순수해서 아이들의 눈빛만 봐도 행복한 게 느껴져요. 학교에 오는 걸 좋아하고, 선생님이 좋다며 껴안기도 하고, 방학하면 선생님과 친구들을 못 만나서 섭섭하다고 하거든요.

　그런데 고학년으로 갈수록 학교가 행복해서 오는 아이들은 점점 줄어들어요. 이유는 아이마다 다르겠죠. 학년이 올라갈수록 공부해야 하는 것들은 많아지고 어려워지죠. 인정받고 싶은 욕구는 있지만 잘 해낼 수 있다는 자신감도 줄어들고요. 어릴 때는 그저 잘 먹고 책상 앞에 잘 앉아 있는 것만으로도 칭찬을 듬뿍 받았는데 이제는 내가 해야 하는 것도 많고 성

✦ 고등학교 진로 강의 ✦

취하기는 더 어려워졌어요. 사춘기가 다가오면서 아이들의 감정 변화도 크고 친구들과의 관계도 민감해졌고요. 아마도 그런 여러 이유로 학교가 마냥 행복한 곳은 아닐 거예요. 그런데 매일 가야 하는 학교가 행복하지 않다면, 지루하거나 고되기만 하다면 얼마나 힘들까요.

그런 아이들의 마음을 돌이킬 수 있는 사람이 선생님이 아닐까 생각해요. 물론 정말 어렵겠죠. 그래도 우리 아이들이 하루하루 학교가 행복하다고 느낄 수 있도록 교사가 앞장서야 한다고 생각해요. 저학년이든, 고학년이든 행복한 아이들로 만들고 싶어요. 행복의 경험이 쌓여 아이들의 내면의 힘이 길러진 다고 생각하거든요. 그래서 그 일에 조금이나마 도움이 되는 선생님이 되고 싶어요. 앞으로 아이들이 자라서 마주할 세상은 그리 만만하지 않을 텐데요. 어떤 어려움을 겪더라도 흔들리지 않도록 내면이 단단하고 용기 있는 아이들로, 사랑이 필요한 곳에 먼저 손길을 내밀 수 있는 따스한 사람으로 성장할 수 있 도록 곁에서 함께 걸으며 행복한 학교를 만들고 싶어요.

초등교육이 아이들을 변화시킬 수 있나요?

편 초등교육이 아이들을 변화시킬 수 있다고 생각하시나요?

전 그럼요. 엄밀히 말하면 초등교육이 아이들을 변화시킨다기보다 그 아이가 가진 내면의 자원들을 발견하고 계발시켜준다고 생각해요. 어른들이 원하는 틀에 맞춰 아이들을 키우는 게 아니라 아이가 가진 잠재력을 발견하고 끌어낸다고요. 사실 아이들은 자신이 무엇을 잘하는지, 무엇을 좋아하는지 잘 몰라요. 부모님도 아직 내 아이를 잘 모르죠. 그런 아이들에게 학교라는 안전한 울타리 안에서 다양한 것을 보고 들으며 나를 발견할 수 있도록 학교 교육이 이끌어준다고 생각해요. 가정에서 보고 들은 것이 전부였던 아이들이 교실에서 첫 사회생활을 시작하며 비로소 이 세계가 넓고 다양한 사람들이 있다는 것을 경험하고 깨닫게 되는 것이죠. 아이들이 내 안에 잠재된 가능성을 발견하고, 내가 흥미를 느끼는 것을 찾고, 어쩌면 평생 열정을 쏟고 싶은 것을 향해 달릴 마음을 먹을 수 있도록 도와준다면 초등교육은 제 역할을 충분히 했다고 봅니다. 꿈이 있는 아이들, 스스로 탐구하며 노력할 수 있는 아이들은 앞으로 걸어갈 인생길도 쉽게 포기하지 않고 도전하며 즐겁게 걸어갈 수 있을 테니까요.

✦ 수업 개선 연구교사 발표 ✦

이 책을 마치며

편 지금까지 장시간의 인터뷰였습니다. 이제 마무리할 시간 인데, 소감이 어떠신가요?

전 교사로서 제가 가진 경력이 짧지 않고, 근래에는 교대 진학을 희망하는 학생들을 대상으로 고등학교에서 강의도 하고 있어서 초등교사에 대해 충분히 설명할 수 있다고 생각했는데요. 정말 많은 부분에 대해 깊이 있게 이야기해야 할 정도로 초등교사의 세계가 폭넓다는 것을 새삼스럽게 느낄 수 있었습니다. 그리고 또 하나는 이번 인터뷰를 준비하다가 문득 제가 정년까지 근무한다고 했을 때 절반 정도가 지났다는 사실을 깨닫게 되었어요. 벌써 이렇게 많은 시간이 흘렀나 싶어 놀라웠는데요. 인터뷰 덕분에 저도 제 커리어의 중간 점검을 하지 않았나 생각합니다. 지나온 시간을 돌아보고 앞으로 나아갈 길을 바라볼 수 있어서 제게도 의미 있는 시간이었어요.

편 저는 선생님을 인터뷰하면서 초등교사라는 직업은 인간에 대한 신뢰와 확신을 바탕으로 한다는 생각이 들었습니다. 사실 지금의 사회는 인간에 대한 불신이 가득하잖아요. 그 속에 펼쳐지는 교육이라는 직업은 탁한 세상에 물들지 않으면서 이 세상을 이끌어가는 특별한 일인 것 같아요.

전 맞아요. 인간에 대한 신뢰가 바탕에 깔려 있지 않다면 초등교사라는 직업이 가진 전제가 흔들리겠죠. 결국 이 세상이 조금 더 나은 세상으로 변화하도록 이끌어가는 건 사람이니까요. 그런 사람들이 성장하도록 돕는 역할을 교육이 해내야겠죠. 인간에 대한 신뢰와 교육이 가진 힘을 믿고 나아갈 때 우리 교육도 더 발전해 갈 수 있다고 생각해요. 하지만 역설적으로 초등교육이 가장 많은 도전을 받는 때가 바로 지금인 것 같아요. 초등교육의 발전을 위해 현직에 계신 선생님들이나 초등교사의 꿈을 안고 공부하는 교대생들이 목소리를 높여도 배부른 소리로 치부되는 경우가 많으니까요. 심각한 저출산 시대를 맞아 임용되는 초등교사의 수가 급격하게 줄어드는 상황과 맞물려 더 그런 듯해요. 과거에 비해 어느 때보다도 큰 도전을 마주하지 않았나 생각합니다. 이런 때일수록 초등학교 현장에서 발로 뛰는 모두가 더 노력해야 한다고 생각하고요. 우리 사회 역시 초등교육이 가진 의미에 공감하고, 제 역할을 충실히 할 수 있도록 응원과 격려를 보내주면 좋겠습니다.

편 이 책을 읽는 청소년 그리고 진로 직업에 대해 방황하는 사람들이 어떤 직업인이 되기를 바라시나요?

전 그저 평범한 초등교사인 제가 감히 이런 이야기를 꺼내도 될지 모르겠네요. 저는 '꿈'이라는 말을 좋아해요. 이미 초등교사가 되었는데 무슨 꿈이 있느냐고 물어보실 수도 있을 것 같은데요. 교대에 다닐 때나 임용고시를 준비할 때도 제 꿈이 초등교사는 아니었어요. 그것은 내가 바라는 직업이었고, 저의 꿈은 사람들에게 선한 영향을 끼칠 수 있는 초등교사가 되는 것이었거든요. 가족이든 학생이든 학부모님이든 동료 교사든 누구에게든지 말이죠. 당장 시험에 붙을지 재수하게 될지도 모르는 한낱 입시생의 꿈이라기에는 지나치게 이상적이고 감상적이었지만요. 결과적으로는 그런 꿈을 놓지 않았기 때문에 초등교사가 된 이후에도 소소한 것들을 계속 성취해 나갈 수 있었어요. 저를 믿고 의지하는 학생들을 만나 가르치는 것, 하고 싶은 공부를 자유롭게 해보는 것, 아이를 둘쯤 낳고 단란한 가정을 이루는 것, 한 번쯤은 외국에서 살아보는 것, 언젠가는 내 이름이 새겨진 책을 써보는 것도 모두 이룰 수 있었거든요. 작고 평범한 것도 구체적으로 마음속에서 그려볼 때 언젠가는 이루게 될 날이 찾아오는 것 같아요.

미래의 꿈을 이루기 위해 땀 흘려 애쓰고 있는 청소년 여러분, 내가 과연 할 수 있을까? 하는 의심은 거두고 내가 원하는 꿈을 이룬 미래의 내 모습을 마음속에 그려보세요. 원대한 꿈이어도 좋고 작은 것이어도 좋아요. 그 꿈을 구체적으로 그려보고 지금 당장 내 앞에 주어진 작은 것 하나부터 성실히 이루어갈 때 여러분이 마음에 그린 꿈을 결국 이룰 수 있게 될 거예요. 그리고 내가 바랐던 직업을 얻게 된 후로도 여러분의 꿈은 계속 자라갈 것이고요. 날마다 꿈꾸는 사람이 되어보세요. 꿈꾸는 사람의 꿈은 언젠가는 꼭 이루어진답니다.

편 초등교사 전소영 선생님의 삶은 희망과 행복으로 가득 차 있나요?

전 네. 아마도 그런 것 같아요. 희망과 행복이 있다는 것이 힘들지 않다는 말은 아니니까요.^^ 지칠 때도 있고 힘들 때도 물론 있죠. 하지만 잘 해낼 수 있다는 용기와 희망이 있어요. 그리고 꿈꾸던 초등교사가 되어 학교에서 나를 믿고 사랑을 듬뿍 주는 학생들을 만날 수 있어서 정말 감사하고요. 이런 마음이라면 충분히 행복한 것 아닐까 생각합니다.

편 청소년 여러분, 전소영 선생님과의 만남이 어떠셨나요? 인터뷰 내내 마주한 선생님의 눈빛은 따뜻하고 반짝반짝해요. 아마 마음에 희망을 품고 계시기 때문인 것 같아요. 학교는 지식의 전달을 넘어서 우리가 온전한 인간으로 서기 위한 올바른 한 걸음 한 걸음을 배우는 곳이라는 걸 깨달았습니다. 그리고 무한한 격려로 아이들의 장점을 꽃피우는 곳이 학교라는 걸 다시 한 번 느꼈습니다. 타인을 격려하는 행동은 자기 자신에 대한 격려로 이어진다는 멋진 말을 아시나요? 이 책을 읽는 여러분이 초등교사가 될 수도 있고 다른 직업을 가질 수도 있지만, 눈앞에 있는 한 사람의 장점을 칭찬하고 타인을 격려하는 우리가 된다면 나 자신의 마음도 성장하고 희망에 가득 찰 거예요. 아이들과 함께 걷는 초등교사, 미래에 대한 희망과 기대를 아이들의 한 걸음 한걸음에 심어주는 초등교사 편을 마칩니다. 이 세상에는 희망이 있고 우리의 미래는 우리의 힘으로 바꿀 수 있다고 확신하는 여러분은 초등교사 직업의 세계에 관심을 두기를 바랍니다. 이 세상의 모든 직업이 여러분을 차별하지 않고 모든 문을 활짝 열 수 있도록 잡프러포즈 시리즈는 부지런히 달려갑니다. 다음 편에서 뵙겠습니다! 감사합니다.

나도
초등교사

1. 이 책을 읽고 초등교사에 대해 새롭게 알게 된 사실을 생각그물(마인드맵)로 그려보세요.

2. 내가 만약 초등교사가 되어 우리 반 학생들을 만나게 된다면 어떻게 우리 반을 이끌어가고 싶은지 학급 경영의 모토를 정하고 실천 방법을 세 가지 적어보세요.

3. 우리 반 학생 중에 수업을 방해하는 학생이 있습니다. 수업 시간에 계속 돌아다니고 혼자 노래를 흥얼거리거나 친구들 책상 근처로 다가가 말을 걸며 하고 싶은 대로 행동합니다. 담임교사로서 이 학생을 지도하기 위해 어떻게 하면 좋을지 적어보세요.

4. 초등교사는 인간이 변화할 수 있다는 믿음에 기초해 학생들을 믿고 지도합니다. 내가 지금까지 살면서 변화와 성장을 경험한 적이 있다면 적어보세요. 그리고 그 일에서 깨달은 점도 함께 적어보세요.

5. 변화하는 시대에 발맞춰 초등학교 교육도 변화하고 있습니다. 달라지는 과학기술을 학교 현장에 어떻게 적용할 수 있을까요? 내 생각을 적어보세요.

6. 본문에서 초등교사의 모습을 엿볼 수 있는 책을 추천했습니다. 그 중에서 한 권을 골라 읽고, 시사하는 점을 정리해 보세요.

참고 자료

법령

법제처, 국가법령정보센터, 공무원보수규정

법제처, 국가법령정보센터, 교육기본법

법제처, 국가법령정보센터, 국가공무원복무규정

법제처, 국가법령정보센터, 초 · 중등교육법

법제처, 국가법령정보센터, 특수교육법

문서 및 단행본

교육부, 2022년 1차 학교 폭력 실태조사 결과 발표, 2022.

교육부, 경제협력개발기구(OECD) 교육지표 2022 결과 발표, 2022.

교육부, 창의적 체험활동 교육과정(안전한 생활 포함) (교육부 고시 제2015-74
　　　호 별책42), 2015.

교육부, 초 · 중등학교 교육과정 총론(교육부 고시 제2015-74호 별책1), 2015.

교육부, 한국교육개발원, 한국의 교육지표 2022, 2022.

구로야나기 테츠코, 창가의 토토, 프로메테우스출판사, 2000.

박영숙, 제롬 글렌, 세계미래보고서 2055, 비즈니스북스, 2017.

박영숙, 제롬 글렌, 유엔미래보고서 2, 교보문고, 2009.

박영숙, 제롬 글렌, 유엔미래보고서 3, 교보문고, 2010.

서울특별시교육청, 2023학년도 서울특별시교육청 공립(국 · 사립) 유치

원 · 초등학교 · 특수학교(유치원 · 초등) 교사 임용후보자 선정경쟁시
　　험 시행계획 공고, 2022.
파울로 프레이리, 프레이리의 교사론: 기꺼이 가르치려는 이들에게 보내는
　　편지, 오트르랩, 2000.
하이타니 겐지로, 나는 선생님이 좋아요, 햇살과 나무꾼, 2002.
한국콘텐츠진흥원, 한국교육개발원, 2021 게임 과몰입 종합 실태조사,
　　2022.
황선미, 나쁜 어린이 표, 웅진주니어, 1999.

웹사이트

동아일보 2022.10.03. 기사 "남성 교사 없는 학교, 전국에 107곳… 초등교사
　　77% 여성"
https://www.donga.com/news/article/all/20221002/115762990/1
서울특별시교육청 https://www.sen.go.kr
서울특별시교육청교육연수원 https://www.seti.go.kr
인사혁신처 https://www.mpm.go.kr
한국교육개발원 교육통계서비스 https://kess.kedi.re.kr
한국교육개발원 위(Wee) 프로젝트 연구 · 지원센터 https://www.wee.
　　go.kr
한국교육과정평가원 https://www.kice.re.kr
한국방정환재단 https://children365.or.kr
한국콘텐츠진흥원 https://www.kocca.kr

청소년들의 진로와 직업 탐색을 위한
잡프러포즈 시리즈 59

아이들과 함께 걷는

초등교사

2024년 11월 15일 | 초판 2쇄 발행

지은이 | 전소영
펴낸이 | 김민영
펴낸곳 | 토크쇼

편집인 | 김수진
교정 교열 | 박지영
표지디자인 | 이든디자인
본문디자인 | 김정희
마케팅 | 신성종
홍보 | 이예지

출판등록 | 2016년 7월 21일 제2023-000173호
주소 | 서울시 마포구 월드컵북로98, 2층 202호
전화 | 070-4200-0327
팩스 | 070-7966-9327
전자우편 | myys237@gmail.com
ISBN 979-11-92842-15-8(43190)
정가 15,000원